中餐服务

（第2版）

主　编　殷安全　刘　容

副主编　谭　明　田　方　张　立　黄　杰

参　编　何婷婷　周　宇　张力心　潘　琼

　　　　易小白　彭　景　王寒冰　李　勇

　　　　李　红　常露琼

重庆大学出版社

内容提要

本书共有六个项目，28个学习情境，包括咨宾服务、中餐摆台、餐前准备、用餐前服务、用餐中服务、结账收尾等内容。

本书可作为高星级饭店运营与管理专业和企业员工培训、移民培训教材，也可作为学习辅导资料。

图书在版编目(CIP)数据

中餐服务 / 殷安全,刘容主编. --2 版. --重庆：
重庆大学出版社,2018.8
国家中等职业教育改革发展示范学校教材
ISBN 978-7-5624-8159-1

Ⅰ.①中… Ⅱ.①殷… ②刘… Ⅲ.①中式菜肴—餐厅—商业服务—中等专业学校—教材 Ⅳ.①F719.3

中国版本图书馆 CIP 数据核字(2018)第 181496 号

中餐服务
（第2版）

主　编　殷安全　刘　容
策划编辑:鲁　黎

责任编辑:鲁　黎　　版式设计:鲁　黎
责任校对:关德强　　责任印制:张　策

*

重庆大学出版社出版发行
出版人:易树平
社址:重庆市沙坪坝区大学城西路21号
邮编:401331
电话:(023) 88617190　88617185(中小学)
传真:(023) 88617186　88617166
网址:http://www.cqup.com.cn
邮箱:fxk@cqup.com.cn (营销中心)
全国新华书店经销
中雅(重庆)彩色印刷有限公司印刷

*

开本:787mm×1092mm　1/16　印张:14.25　字数:356 千
2018 年 8 月第 2 版　　2018 年 8 月第 2 次印刷
印数:1 501—2 500
ISBN 978-7-5624-8159-1　定价:48.00 元

国家中等职业教育改革发展示范学校
建设系列教材编委会

序 言

　　加快发展职业教育,事关国家全局和民族未来。近年来,涪陵区乘着党和国家大力发展职业教育的春风,认真贯彻重庆市委、市政府《关于大力发展职业技术教育的决定》,按照"面向市场、量质并举、多元发展"的工作思路,推动职业教育随着经济增长方式转变而"动",跟着产业结构调整升级而"走",适应社会和市场需求而"变",学生职业道德、知识技能不断增强,职教服务能力不断提升,着力构建适应发展、彰显特色、辐射周边的职业教育,实现由弱到强、由好到优的嬗变,迈出了建设重庆市职业教育区域中心的坚实步伐。

　　作为涪陵中职教育排头兵的涪陵区职业教育中心,在中共涪陵区委、区政府的高度重视和各级教育行政主管部门的大力支持下,以昂扬奋进的姿态,主动作为,砥砺奋进,全面推进国家中职教育改革发展示范学校建设,在人才培养模式改革、师资队伍建设、校企合作、工学结合机制建设、管理制度创新、信息化建设等方面大胆探索实践,着力促进知识传授与生产实践的紧密衔接,取得了显著成效,毕业生就业率保持在97%以上,参加重庆市、国家中职技能大赛屡创佳绩,成为全区中等职业学校改革创新、提高质量和办出特色的示范,成为区域产业建设、改善民生的重要力量。

　　为了构建体现专业特色的课程体系,打造精品课程和教材,涪陵区职业教育中心对创建国家中职教育改革发展示范学校的实践成果进行总结梳理,并在重庆大学出版社等单位的支持帮助下,将成果汇编成册,结集出版。此举既是学校创建成果的总结和展示,又是对该校教研教改成效和校园文化的提炼与传承。这些成果云水相关、相映生辉,在客观记录涪陵职教中心干部职工献身职教奋斗历程的同时,也必将成为涪陵区职业教育内涵发展的一个亮点。因此,无论是对该校还是对涪陵职业教育,都具有十分重要的意义。

　　党的十八大提出"加快发展现代职业教育",赋予了职业教育改革发展新的目标和内涵。最近,国务院召开常务会,部署了加快发展现代职业教育的任务措施。今后,我们必须坚持以面向市场、面向就业、面向社会为目标,整合资源、优化结构,高端引领、多元办学,内涵发展、提升质量,努力构建开放灵活、发展协调、特色鲜明的现代职业教育,更好适应地方经济社会发展对技能人才和高素质劳动者的迫切需要。

衷心希望涪陵区职业教育中心抓住国家中职示范学校建设契机,以提升质量为重点,以促进就业为导向,以服务发展为宗旨,努力创建库区领先、重庆一流、全国知名的中等职业学校。

是为序。

项显文

2014 年 2 月

2

前 言

工作页是现代职业教育中学生的主要学习材料,是帮助学生实现有效学习的重要工具。学生在完成工作(学习)过程中获得知识,掌握技能。为了实现上学与上岗对接,课堂与岗位对接,培养学生的职业能力,编者查阅了大量的资料,编写了此书。

本书以工作页的形式,严格按酒店中餐厅工作流程及岗位工作任务组织内容,对咨宾服务、中餐摆台、餐前准备、用餐前服务、用餐中服务、结账收尾等工作流程及知识、技能进行了详细的介绍。此工作页由项目、情境组成,每个情境包括学习目标、情境描述、建议学时、学习(工作)流程、学习拓展、小词典六部分。每个学习情境中的"老师给你的小帮助"栏,用文字说明和图片展示的形式介绍该情境的相关知识点、技能点;"小词典"栏对在该情境学习(工作)中涉及的概念或知识进行解释和说明;"小提示"栏提醒在操作中的注意事项。丰富的内容增强了本书的直观性和实用性,既可以作为高星级饭店运营与管理专业和企业员工培训教材使用,又可作学习辅导资料。

本书参考学时为160学时。其中项目一,咨宾服务6学时;项目二,中餐摆台66学时;项目三,餐前准备6学时;项目四,用餐前服务22学时;项目五,用餐中服务30学时;项目六,结账收尾10学时;机动20学时。

本书由重庆市涪陵区职业教育中心殷安全、刘容任主编,重庆市涪陵区职业教育中心谭明、田方,重庆金科两江大酒店张立,重庆涪陵饭店黄杰任副主编。全书由刘容统稿。编写分工如下:项目一由重庆市涪陵区职业教育中心何婷婷、张力心编写;项目二由重庆市涪陵区职业教育中心刘容编写,其中学习情境4由重庆涪陵饭店李勇、李红编写;项目三、四由重庆金科两江大酒店张立编写;项目五由重庆秦之味餐饮有限公司潘琼编写,其中学习情境4由重庆金科两江大酒店张立编写;项目六由重庆市涪陵区职业教育中心周宇编写。图片拍摄及剪辑由重庆市涪陵区职业教育中心刘容、彭景、易小白、常露琼和重庆航天职业技术学院王寒冰完成。

本书在编写过程中得到了温州市职业中专学校特级教师娄海滨、重庆市教科院职成教处谭绍华悉心指导,以及重庆金科大酒店、重庆太极大酒店管理有限公司、重庆涪陵饭店等高星级酒店的大力支持,在此特表谢意!

由于编者水平有限,书中难免存有疏漏之处,恳请广大读者批评指正。

编 者
2014 年 2 月

目 录

项目一 咨宾服务

项目导语

　　咨宾项目涵盖了迎送客人、接受问询、填写报表三个任务。通过对这三个任务的学习,学生能运用规范的服务用语及礼仪根据不同情境迎送客人、接受问询、填写报表,具备中餐咨宾服务岗位工作能力。

项目目标

1. 能按照酒店行业标准整理仪容仪表。
2. 能运用标准的站姿准确站位。
3. 能在规定区域微笑迎送宾客。
4. 能运用规范用语问候用餐宾客并准确核对预订。
5. 能运用规范的鞠躬礼迎送宾客并用敬语表示感谢。
6. 能运用规范的引位姿势引领宾客到位。
7. 能配合值台服务员为宾客拉椅让座。
8. 能运用礼貌用语、态度和蔼并诚恳地解答客人问询。
9. 能准确填写当天报表、收集并录入宾客意见。

建议学时

　　6 学时(见表 1.1.1)

表 1.1.1　咨宾服务的学时安排及知识点、技能点表

学习情境	知识点、技能点	学时建议	备　注
1. 迎送服务	(1)整理仪容仪表 (2)迎客服务的标准及规范 (3)送客服务的标准及规范	4	
2. 解答问询	(1)当地交通、旅游景点及酒店服务项目介绍 (2)接待问询要点:态度和蔼、有问必答、语言流利、尊重隐私	2	
3. 填写报表、收集并录入宾客意见	(1)报表的填写内容 (2)填写《客流量报表》、《当天收入报表》和收集录入宾客意见表的要求	2	

学习情境 1

迎送服务

情境目标

1. 能按照酒店行业标准整理仪容仪表。

2. 能运用标准的站姿准确站位。

3. 能在规定区域微笑迎送宾客。

4. 能运用规范用语问候用餐宾客并准确核对预订。

5. 能运用规范的鞠躬礼迎送宾客并用敬语表示感谢。

6. 能运用规范的引位姿势引领宾客到位。

7. 能配合值台服务员为宾客拉椅让座。

情境描述

×××酒店餐厅咨宾人员开餐前30分钟的迎客服务及客人用餐结束后的送客服务

建议学时

2学时

学习流程

一、收集信息

1. 收集适合咨宾人员的发型设计图片。

2. 收集适合咨宾人员的着装图片。

3. 请你说出咨宾人员可以佩戴的饰品。

4. 请你到酒店实地考察餐厅咨宾人员的服务工作,并说出他们在服务工作中有哪些注意事项?

老师给你的小帮助

(1)咨宾仪容仪表要求

①头发要求

长发要盘起,发髻高度保持在脑后方中间位置,不宜过高或过低,两侧及后方细发、碎发用无任何装饰物的黑色卡子固定;短发要梳理整齐,长不过肩。如图1.1.1、图1.1.2所示。

图1.1.1　咨宾发型正面　　　　　　　　　图1.1.2　咨宾发型侧面

②个人卫生要求

(作为)酒店的每名工作人员都要养成良好的个人卫生习惯,随时保持口气清新,头发、面部、手部洁净。

面容修饰:要淡雅自然,不能浓妆艳抹。

手部要求:指甲修剪整齐、长短适宜,符合岗位要求,女士可涂无色透明指甲油,如图1.1.3所示。

图1.1.3　酒店工作人员的手部要求

③着装要求

符合酒店"岗位形象",服装要时刻保持干净整洁、外观平整,没有污渍或褶皱。工牌佩戴于左胸前,与地面保持水平,无倾斜,无破损,如图1.1.4、图1.1.5所示。

图1.1.4　咨宾人员整体着装　　　　　　　图1.1.5　咨宾人员佩戴工牌

④佩饰的选择

若佩戴戒指，其样式应简洁大方；女士可佩戴简单的耳饰，项链不可露出，饰物不能过多。

（2）咨宾迎客服务要求

①微笑迎宾

面带微笑地站在餐厅门口的两侧或视野开阔、便于环视四周的位置迎候宾客。

②站姿得体

头正、目平，下颌微收；双肩放松，稍向下沉，身体有向上的感觉，呼吸自然；挺胸、收腹、立腰；双手相握，右手搭在左手上，大拇指交叉于掌心内，自然垂放在腹部，肘关节与腰间有一拳的空隙。双腿并拢立正，两脚跟靠紧，脚尖分开呈 V 字形，两脚尖距离约一拳的宽度。也可成丁字步站立，右脚直立在前，脚跟紧靠在左脚的弯道处。面带微笑，时刻给宾客精神饱满、信心十足的印象，如图 1.1.6 所示。

图 1.1.6　咨宾站姿

③主动问候

当宾客到达时，距离 3 米时向客人微笑致意，距离 1.5 米要躬身问好，行 30 度鞠躬礼，热情问候。如图 1.1.7 所示。如果是多位宾客前来就餐，应先问候主宾，再问候其他宾客；若不知情，则采取就近原则。用手势表示请进，并协助宾客存放衣帽、雨具等物品。

图 1.1.7　鞠躬问候

问候语如:先生(小姐)中午(晚上)好,欢迎光临,里边请。若是熟客,应直接称呼:"×总或×经理,中午(晚上)好,欢迎光临,里边请。"

④核对预订

根据情况询问宾客是否有预订,并核对人数。若是无法确定有无预订,应询问:"先生(小姐),欢迎光临,请问您有没有预订?"若宾客表示没预订,应征求宾客意见,根据客人的要求安排好餐位。若宾客表示有预定,则用礼貌用语"先生(小姐),您订的是××餐厅(××号桌),请随我来(或您这边请),"并伸手示意,引领走在宾客右侧前方2~3步,按客人步履快慢行走(在每个拐弯处都应侧身伸手,并示意用语"您这边请")。将客人领至订好的(或合适的)餐位,征询客人意见:"您喜欢这张桌子吗?"如客人有异议,则重新安排餐桌。协助值台服务员拉椅让座,将椅子拉开,当客人坐下时,用膝盖顶椅背,双手同时将椅背向前送,让客人坐在离桌边合适的位置,一般以客人坐下前胸与桌的间隔距离10~15厘米为宜。客人落座后,要递上菜单,伸手示意,并礼貌用语:"请您先过目一下菜单"。迎宾员要将宾客就餐人数、单位、姓名、标准、特殊要求交接给值台服务员,用礼貌用语:"祝各位就餐愉快",回到迎宾岗位。

⑤规范引位

走在宾客左前方1米左右引领,五指并拢,用手掌指示方向。在引导过程中,咨宾女性的标准礼仪是手臂内收,手臂和胳膊呈130度左右,然后手尖倾斜上推,显得优美。伴以礼貌用语"您请"或"您这边请",并随时用目光关照宾客并引领到位。如图1.1.8所示。

图1.1.8　规范引位

⑥拉椅让座

配合好值台服务台引导宾客入座,平稳地将椅子拉出,并微笑、用下拉手势伸手示意宾客就座。有艺术地安排客人就座。如图1.1.9、图1.1.10所示。如宾客是恋人,则让其坐在稍微僻静点的地方;如心情忧郁的客人,则让其坐在靠窗的地方;有残疾的客人,让其坐在离门口近一点的地方;喜欢热闹的客人,则安排在餐厅的显眼位置。

图1.1.9 拉椅

图1.1.10 让位

（3）咨宾送客服务要求

图1.1.11 礼送

①协助宾客离座并道别

宾客起身离座，协助值台服务员主动上前拉椅，提醒宾客带好随身物品，送客道别，必要时礼送宾客至餐厅门口。

②礼送宾客

行30度鞠躬礼，送客至餐厅门口，微笑着给客人礼貌道别，"谢谢，请走好，欢迎再次光临。"再由迎宾员将客人送出餐厅（一般走在客人身后，在客人走出餐厅后再送1～2步），边送边向客人告别（也可征询客人意见）并向客人表示感谢，同时欢迎客人再次光临"谢谢，再见，欢迎再次光临"，并要躬身相送（即使客人看不到也要行礼）。如图1.1.11所示。

③服务要有针对性

如有必要咨宾可将宾客引领出餐厅并为宾客按电梯，微笑目送宾客离开；如果有车，则要为客人提供开车门服务。

二、拟订学习计划

1. 填写小组成员分工表（见表 1.1.2）

表 1.1.2　小组成员分工表

小组成员名单	特　点	分　工	任　务

2. 填写学习（工作）进度安排表（见表 1.1.3）

表 1.1.3　学习（工作）进度安排表

序　号	开始时间	结束时间	任务内容	工作要求	备　注

三、实施学习计划

🌱操作小提示

①引领宾客上下楼梯及乘坐手扶电梯时，注意示意并保护宾客安全。

②引领宾客乘坐电梯时，注意引领者先进后出原则。

③雨天迎送宾客时，为客人提供雨伞服务，提醒客人注意防滑，引导客人擦鞋服务。

④若宾客是残疾人、老年人行动不便，应主动上前搀扶。

⑤学习场地应有穿衣镜、制服若干、发型设计用品若干、具备化妆台的实训室及模拟餐厅。

1. 整理仪容仪表

结合图片及视频展示，分小组练习，每组选定一名模特作为酒店咨宾，对其进行规范的发型设计、处理个人卫生、规范着装、佩带工号牌、选择佩饰、搭配鞋袜，二十分钟后，分组练习，组长填写小组成员练习情况记录表，见表 1.1.4。

表 1.1.4　仪容仪表整理练习情况记录表

仪容仪表整理	技　法	练习情况		你需要的帮助
		做　到	没做到	
发型设计	符合酒店咨宾人员要求			

续表

仪容仪表整理	技 法	练习情况		你需要的帮助
		做 到	没做到	
个人卫生	头发、面部、手部洁净			
着装	合体、大方、整洁,工牌佩戴于左胸前			
佩饰	简单、精致			

2. 咨宾接待及引领宾客

情境模拟:迎宾员1名,用餐宾客5名(3男2女),开餐前30分钟,宾客来餐厅用餐,咨宾迎客、引领到位。分小组模拟练习,组长填写小组成员练习情况记录表,见表1.1.5。

表1.1.5 咨宾接待及引领练习情况记录表

咨宾接待及引领	技 法	练习情况		你需要的帮助
		做 到	没做到	
站姿	头正、目平,下颌微收;双肩放松,稍向下沉,身体有向上的感觉,呼吸自然;站V字形或丁字步			
微笑	面带微笑地站在餐厅门口的两侧或视野开阔、便于环视四周的位置迎候宾客			
鞠躬	行30度鞠躬礼			
问候	当宾客到达时,距离3米时向客人微笑致意,距离1.5米要躬身问好,问候语得当			
引领	走在宾客左前方1米左右引领,手臂内收,手臂和胳膊呈130度左右,然后手尖倾斜上推,伴以礼貌用语			
拉椅	引导宾客入座,平稳地将椅子拉出,并微笑、用下拉手势伸手示意宾客就座,且有艺术地安排就座			

3. 咨宾送客服务

情境模拟:迎宾员1名,用餐宾客5名(3男2女)宾客用完餐,离开餐厅,咨宾礼送宾客。分小组模拟并展示评价。分小组模拟练习,组长填写小组成员练习情况记录表,见表1.1.6。

表 1.1.6 咨宾送客服务情况记录表

咨宾送客服务	技 法	练习情况		你需要的帮助
		做 到	没做到	
站姿	头正、目平、下颌微收;双肩放松,稍向下沉,身体有向上的感觉,呼吸自然;站 V 字形或丁字步			
鞠躬	行 30 度鞠躬礼			
拉椅	协助值台服务员主动上前拉椅,提醒宾客带好随身物品			
礼送	行 30 度鞠躬礼,送客至餐厅门口,微笑着给客人礼貌道别			
针对性服务	电梯服务或开关车门服务			

四、展示与评价

1. 比一比、赛一赛

谁是最佳咨宾员?

分组情境模拟展示并评选。

最佳咨宾员评价表,见表 1.1.7。

表 1.1.7 最佳咨宾员评价表

项 目	评价点	达标情况			原 因
		优 秀	合 格	不合格	
仪容仪表的整理	发型符合酒店咨宾人员要求,面部、手部洁净,服装合体、大方、整洁,工牌佩戴于左胸前,佩饰简单、精致				
咨宾接待及引领宾客	符合酒店咨宾岗位实际,注重站姿、鞠躬、问候、引领等细节,微笑和语言适度,体态大方适度				
咨宾送客服务	符合酒店咨宾岗位实际,注重站姿、鞠躬、礼送等细节,微笑和语言适度,体态大方适度				

2. 分组进行自评、小组间互评,填写学习活动评价表(见表 1.1.8)。

表 1.1.8 学习活动评价表

学生姓名_____ 教师_____ 班级_____ 学号_____

项 目	自评			组评			师评		
	优秀	合格	不合格	优秀	合格	不合格	优秀	合格	不合格
仪容仪表									

续表

项 目	自 评			组 评			师 评		
	优秀	合格	不合格	优秀	合格	不合格	优秀	合格	不合格
迎客服务									
送客服务									
信息收集情况									
利用信息能力									
安全操作意识									
任务明确程度									
学习主动性									
工作页的填写									
协作精神									
出勤情况									
总评									

学习拓展

协助值台员安排就座及呈递菜单。迎宾员还要了解餐厅内客情,以便随机应变地安排客人;记录宾客的相关资料及其所有意见或投诉,并即时向上级汇报。

📖 小词典

1. 迎送礼仪

迎宾和送客礼仪。

2. 仪表

仪表是综合人的外表,它包括人的形体、容貌、健康状况、姿态、举止、服饰、风度等方面,是人举止风度的外在体现。风度是指举止行为,接人待物时一个人的德才学识等各方面的内在修养的外在表现。风度是构成仪表的核心要素。

3. 仪容

仪容通常是指人的外观、外貌,重点指人的容貌。在人际交往中,每个人的仪容都会引起交往对象的特别关注,并将影响到对方对自己的整体评价。在个人的仪表问题之中,仪容是重点之中的重点。

4. 引领

引导、指引。

学习情境 2

解答问询

情境目标

1. 能识记当地交通、旅游景点及酒店服务项目内容。
2. 能热情诚恳地接受客人咨询,且外语口语及普通话流利清晰。

情境描述

××××酒店餐厅咨宾人员解答客人问询服务

建议学时

2 学时

学习流程

一、收集信息

1. 请列出你所知道的重庆市及周边的旅游景点。
2. 请列出你所知道的酒店服务项目。
3. 请到酒店实地参观考察,然后说出咨宾人员解答问询时,在仪态、语言、行为方面应注意哪些细节?

老师给你的小帮助

(1)重庆市及周边著名的旅游景点

重庆市及周边的旅游景点,如图 1.2.1~1.2.6 所示。

图 1.2.1　涪陵白鹤梁　　　　图 1.2.2　万盛黑山谷　　　　图 1.2.3　南川金佛山

项目一　咨宾服务

图 1.2.4　大足石刻　　　　　图 1.2.5　长江三峡　　　　　图 1.2.6　武隆仙女山

（2）酒店服务项目

商务中心、酒店小商场、免费停车场、会议厅、限时送餐服务、酒吧、卡拉 OK 厅、棋牌室、健身房、按摩室、桑拿浴室等。

（3）解答问询

（a）　　　　　　　　　　　　　　（b）

图 1.2.7　解答问询

①解答问询时的姿态

与宾客交流时要保持安全距离，保持在 50～70 厘米，能用外语和普通话提供服务，服务语言准确规范。对话时，要身姿挺拔，面带微笑，注意聆听宾客的问询，不能东张西望。如图 1.2.7 所示。听懂时用点头的方式进行回应，没听明白时，对未听清的问题，礼貌地请客人复述；一时不能回答或超出业务范围的问题，先表示歉意，然后请教有关人员或查阅有关资料后及时准确回答。

②接待客人态度

客人前来问询，接待主动热情，耐心细致，语言亲切。

③实际效果与客人反映

没有推托、不理睬客人或简单回答"不行""不知道"等现象发生。

二、拟订学习计划

1.填写小组成员分工表，见表 1.2.1

表 1.2.1　小组成员分工表

小组成员名单	特　点	分　工	任　务

小组成员名单	特　点	分　工	任　务

2.填写学习(工作)进度安排表,见表1.2.2

表1.2.2　学习(工作)进度安排表

序　号	开始时间	结束时间	任务内容	工作要求	备　注

三、实施学习计划

🌱操作小提示

①在客人问询过程中,尽量做到语言简单明了,回答及时,有问必答。

②应具备实际处理问题能力,反应灵活,应变能力强。

③学习场地应设在有前台的模拟餐厅。

1.观看一段五星级酒店餐厅咨宾人员回答客人问询的视频,思考提供问询服务的注意事项。

2.创设某酒店客人前来咨询的情境,并讨论接受客人问询服务情境表演步骤。

3.分为几个班组,每班组设咨宾一人,其余为客人,轮流进行不同情境的问询服务训练。组长填写小组成员练习情况记录表(见表1.2.3)。

表1.2.3　仪容仪表整理练习情况记录表

解答问询	技　法	练习情况		你需要的帮助
		做　到	没做到	
问候	保持安全距离,普通话或外语标准,面带微笑,语速适度			
接受问询	礼貌大方,注意聆听宾客的问询,不东张西望,听懂时用点头的方式进行回应			

续表

解答问询	技　法	练习情况		你需要的帮助
		做　到	没做到	
回答问询	客人前来问询,接待主动热情,耐心细致,语言亲切。没有推托、不理睬客人或简单回答"不行""不知道"等现象发生			

四、展示与评价

1. 比一比、赛一赛

谁是最佳接待员?

分组情境模拟展示并评选。

最佳接待员评价表,见表 1.2.4。

表 1.2.4　最佳咨宾员评价表

项　目	评价点	达标情况			原　因
		优　秀	合　格	不合格	
问候	保持安全距离,普通话或外语标准,面带微笑,语速适度				
接受问询	礼貌大方,注意聆听宾客的问询,不东张西望,听懂时用点头的方式进行回应				
回答问询	客人前来问询,接待主动热情,耐心细致,语言亲切。没有推托、不理睬客人或简单回答"不行""不知道"等现象发生				

2. 分组进行自评、小组间互评,填写学习活动评价表,见表 1.2.5

表 1.2.5　学习活动评价表

学生姓名_____　　教师_____　　班级_____　　学号_____

项　目	自　评			组　评			师　评		
	优秀	合格	不合格	优秀	合格	不合格	优秀	合格	不合格
问候									
接受问询									
回答问询									
信息收集情况									
利用信息能力									

项 目	自 评			组 评			师 评		
	优秀	合格	不合格	优秀	合格	不合格	优秀	合格	不合格
安全操作意识									
任务明确程度									
学习主动性									
工作页的填写									
协作精神									
出勤情况									
总评									

学习拓展

咨宾员要了解每餐的菜单和预订情况,熟悉餐厅的所有宴会厅及餐桌、餐位。

学习情境 3

填写报表、收集并录入宾客意见

情境目标

1.能识记客流量及收入报表的填写内容。

2.能规范填写客流量及收入报表。

3.能及时收集宾客意见并规范填写宾客意见簿。

情境描述

××××中餐厅餐后,咨宾员填写报表、收集并录入宾客意见

建议学时

2 学时

学习流程

一、收集信息

1. 中餐厅客流量统计表,见表 1.3.1

表 1.3.1　中餐厅客流量统计表

餐饮部中餐厅客流量统计表							
日　期	零餐桌数		用餐人数		宴会桌数		会议用餐桌数
	中午	晚上	中午	晚上	中午	晚上	
1							
2							
3							
4							
5							
6							
7							
8							
9							
11							
12							
13							
14							
15							
16							
17							
18							
19							
20							
21							
22							
23							
24							
25							
26							
27							
28							
29							

餐饮部中餐厅客流量统计表							
日 期	零餐桌数		用餐人数		宴会桌数		会议用餐桌数
	中午	晚上	中午	晚上	中午	晚上	
30							
合计							

2. 餐饮部营业日报表,见表1.3.2

表1.3.2　餐饮部营业日报表

餐饮部营业日报表									
备注:月累计收入计算期间为 　 月 　 日至当日(累计=30天) 　 年 　 月 　 日 星期									
分部门	本 日			本 月			本 年	余下每天目标收入	
	实际收入	目标收入	日差额	实际收入	目标收入	月差额	实际收入	实际收入	年差额
粤珍轩中餐厅(含会议)									
璇宫西餐厅									
行政咖啡厅									
廊桥吧									
收款方式:									
人民币									
支票									
营收挂账									
应收信用卡									
餐厅公司账+职员餐									

复核:　　　　　　　　　　　　　　　　夜审:

3. 宾客意见收集,见表1.3.3

表1.3.3　宾客意见表

尊敬的宾客: 　非常感谢您的光临!我们在不断提升产品品质和服务的同时,真诚地希望您填写此意见表,以便我们能更好地为您服务,衷心感谢您的支持!				
您的姓名		联系电话		
就餐时间	月　日　中餐□　晚餐□		桌号	

续表

服务	仪容仪表	整洁		☐		邋遢		☐
	服务态度	非常热情	☐	热情	☐	不热情	☐	冷淡 ☐
	上菜速度	非常快	☐	快	☐	慢	☐	非常慢 ☐
	服务速度	非常快	☐	快	☐	慢	☐	非常慢 ☐
菜品	品种	非常少		☐	偏少		☐	适中 ☐
	菜量	非常少		☐	偏少		☐	适中 ☐
	味道	非常咸	☐	偏咸	适中		☐	偏淡
	价格	非常贵	☐	偏贵	☐	适中	☐	便宜
其他	环境	恶劣		☐	舒适		☐	凌乱 ☐
	卫生	非常脏		☐	干净		☐	有点脏
您是第几次到本餐厅用餐		第一次	☐	第二次 ☐		第三次 ☐		三次以上 ☐
您评议的员工姓名								
您对评议员工的意见		好	☐	一般	☐	差	☐	

您对本餐厅哪些菜品比较满意：

您对本餐厅最满意的内容：

您对本餐厅最不满意的内容：

请留下您的宝贵意见和建议：

二、拟订学习计划

1.填写小组成员分工表,见表1.3.4

表1.3.4 小组成员分工表

小组成员名单	特　点	分　工	任　务

2.填写学习(工作)进度安排表(见表1.3.5)

表1.3.5 学习(工作)进度安排表

序　号	开始时间	结束时间	任务内容	工作要求	备　注

序　号	开始时间	结束时间	任务内容	工作要求	备　注

三、实施学习计划

🔆 操作小提示

①分析餐厅客流量应考虑到旺季和淡季等因素。

②填写当天报表注意保存原始单据。

③录入宾客意见应注意分类。

学生 10 人一组,以小组为单位,到酒店开展调研。任务:收集中餐厅的客流量情况、销售情况和宾客的意见,整理收集资料,填写客流分析表、餐饮部营业日报表、宾客意见分析表。

1. 客流量分析表(见表 1.3.6)

表 1.3.6　客流量分析表

_____小组

月份	客流量	影响客流量的原因	备　注

019

2. 餐饮部营业日报表(见表 1.3.7)

表 1.3.7　餐饮部营业日报表

_____小组

日　期	消费金额	付款方式	备注

3. 录入宾客意见、填写宾客意见分析表(见表 1.3.8)

表 1.3.8　宾客意见分析表

_____小组

时　间	宾客意见的类型	宾客意见	提出意见的方式	备　注

四、展示与评价

1. 每组展示所填写的中餐厅客流量分析表、当天收入报表、宾客意见分析表并推荐 2 名组员分别对填写表格的注意事项进行说明。

2.分组进行自评、小组间互评,填写学习活动评价表,见表1.3.9。

学习活动评价表

学生姓名_____ 教师_____ 班级_____ 学号_____

项　目	自　评			组　评			师　评		
	优秀	合格	不合格	优秀	合格	不合格	优秀	合格	不合格
收集酒店客流量情况									
填写客流量分析表									
收集当日收入的原始单据									
填写当日收入报表									
收集宾客意见									
填写宾客意见分析表									
信息收集情况									
利用信息能力									
安全操作意识									
任务明确程度									
学习主动性									
工作页的填写									
协作精神									
出勤情况									
总　评									

学习拓展

　　客流量与销售息息相关,而酒店的服务质量、专业技能又会影响客人对酒店的评价,课后上网查询客流量跟销售的关系,思考如何为宾客快速准确地结账,提高对客服务质量让宾客获得更好的服务?

小词典

1.客流量

一定时间内到酒店的宾客数量。

2.收入报表

报表是一套会计文件,它反映一家企业过去一段财政年度的财政表现及期末状况。酒店收入报表,是指酒店在一段时间内的营业收入情况。

项目二
中餐摆台

项目导语

　　中餐摆台是中餐服务技能的核心项目,它由物品的检查与准备、托盘、宴会桌次及座次的安排、中餐主题宴会台面设计、铺台布、餐巾折花、摆放餐饮用具、摆台后的自查工作等八个学习情境组成。通过此项目的学习,学生能根据不同工作情境安排宴会桌次及座次、美化就餐环境、规范摆设台面,具备中餐摆台服务及参加职业技能大赛的基本能力。

项目目标

　　1. 能做好中餐摆台物品的检查与准备工作,并能及时报修物品。

　　2. 能运用托盘摆台、斟酒、分菜、展示饮品,递送账单和信件,托运各种物品。

　　3. 能进行中餐宴会的台形布局及座次安排,装饰美化就餐环境。

　　4. 能根据宴会主题进行台面设计

　　5. 能根据宴会餐桌规格选择、铺设台布及装饰布。

　　6. 能折叠、摆放餐巾花。

　　7. 能根据酒店中餐厅要求摆放餐饮用具。

　　8. 能做好摆台后房间卫生、桌椅及物品摆放的自查工作。

　　9. 能主动获取有效信息,展示学习工作成果,对学习与工作进行反思总结,能与他人进行有效沟通并开展良好合作。

建议学时

　　66 学时(见表 2.1.1)。

表 2.1.1　中餐摆台的学时安排及知识点、技能点表

学习情境	知识点、技能点	学时建议	备注
1. 中餐摆台物品的检查与准备	(1)中餐常用餐饮用具介绍 (2)摆台所需物品介绍	2	
2. 托盘	(1)托盘的种类及用途 (2)托盘的操作方法 (3)托盘技巧练习(手法、负重、行走、下蹲拾物)	10	
3. 中餐宴会厅台形布置及座次安排	(1)台形布局原则 (2)座次安排礼仪	2	

学习情境	知识点、技能点	学时建议	备 注
4.中餐主题宴会台面设计	(1)中餐婚宴台面设计 (2)中餐寿宴台面设计	8	
5.铺台布、装饰布	(1)台布的种类 (2)铺台布的方法及要求	8	
6.餐巾折花	(1)餐巾的种类及作用 (2)餐巾花的种类及特点 (3)餐巾折花技法 (4)餐巾花的选择和应用	18	
7.摆放餐饮用具	(1)零点餐摆放餐饮用具的顺序及要求 (2)宴会摆放餐饮用具的顺序及要求	16	
8. 摆台后的自查工作	(1)桌面餐饮具摆放标准 (2)桌椅等物品的摆放标准 (3)落台物品的摆放标准	2	

学习情境 1

中餐摆台物品的检查与准备

情境目标

1.能有效进行中餐零点餐、宴会所需物品的检查与准备工作。

2.能根据检查情况及时报修物品。

3.能主动获取有效信息,与他人有效的沟通、良好合作。

4.能按要求正确规范地完成本次学习工作页的填写。

情境描述

×××××中餐厅摆台前的餐饮用具检查、准备。

建议学时

2 学时

学习流程

一、收集信息

列出你知道的中餐厅常用餐饮用具

老师给你的小帮助

中餐厅摆台常用物品,如图 2.1.1～图 2.1.24 所示。

图 2.1.1　蛋形菜托(大)　圆形菜托(大)

图 2.1.2　毛巾篮、毛巾夹

图 2.1.3　长柄勺、长叉

图 2.1.4　银头席面筷、单头筷架

图 2.1.5　大小公壳、公壳座

图 2.1.6　金白酒壶

图 2.1.7　金牙签盒

图 2.1.8　寸浅式盘、四方盘(骨碟)

图 2.1.9　毛巾碟、毛巾

图 2.1.10　红酒篮、红酒

图 2.1.11　5 寸翅碗、汤碗底碟、螺旋纹饭碗、二号吊烧更(小汤勺)

图 2.1.12　英式茶杯、茶杯碟

图 2.1.13　烟缸、底碟

图 2.1.14　茶壶、暖茶座、茶漏、茶海

图 2.1.15　分叉、分更、服务叉、服务刀

图2.1.16 长柄漏勺、长柄汤勺、短柄漏勺、短柄汤勺

图2.1.17 兔型开瓶器

图2.1.18 各种开瓶器

图2.1.19 保温瓶

图2.1.20 水果叉

图2.1.21 木柄鱼刀、叉

图2.1.22 红酒杯、水杯、分酒器、白酒杯

图2.1.23 展示盘、苏菲垫

图2.1.24 席面更

二、拟订学习计划

1. 填写小组成员分工表(见表2.1.2)

表2.1.2 小组成员分工表

小组成员名单	特　点	分　工	任　务

025

项目二 中餐摆台

2.填写学习(工作)进度安排表(见表2.1.3)

表2.1.3　学习进度安排表

序　号	开始时间	结束时间	任务内容	工作要求	备　注

三、实施学习计划

操作小提示

①清理餐饮用具时要注意卫生。

②摆台前物品如有破损,应及时更换。

③摆台物品配备

筷子1∶5、翅碗1∶3、骨碟1∶5、小汤勺子1∶3、烟灰缸1∶5、玻璃杯1∶2、席面更1∶1.5。

1.零点餐摆台物品的检查与准备

填写一张10人位餐桌中餐零点餐摆台物品检查与准备表,见表2.1.4。

表2.1.4　中餐零点餐摆台物品检查与准备表

_____小组　　　　　　　　　　　　　　　姓名_____

餐饮用具名称	规格、数量	检查情况 (有无破损、是否需要报修)	备　注

2. 宴会摆台物品的检查与准备

填写一张 10 人位餐桌中餐零点餐摆台物品检查与准备表,见表 2.1.5。

表 2.1.5　中餐零点餐摆台物品检查与准备表

_____小组　　　　　　　　　　　　　　　　　姓名_____

餐饮用具名称	规格、数量	检查情况	备　注

3. 物品报修

填写物品报修单,见表 2.1.6。

表 2.1.6　物品报修单

_____小组　　　　　　　　　　　　　　　　　姓名_____

物品名称	破损情况	是否需要增补	数量、规格	备　注

四、展示与评价

1. 每组展示所准备的中餐零点餐摆台、宴会摆台所需物品,并推荐 2 名组员分别对检查物品时的注意事项进行说明。

2. 分组进行自评、小组间互评,填写学习活动评价表,见表 2.1.7。

表 2.1.7　学习活动评价表

学生姓名_____　教师_____　班级_____　学号_____

项　目	自　评			组　评			师　评		
	优秀	合格	不合格	优秀	合格	不合格	优秀	合格	不合格
零点餐摆台物品的检查与准备									
宴会摆台物品的检查与准备									
报修单的填写									
信息收集情况									
利用信息能力									
安全操作意识									
任务明确程度									
学习主动性									
工作页的填写									
协作精神									
出勤情况									
总评									

学习拓展

中式烹饪盛器讲究,艺术性强。美食和美器的完美结合,使中餐菜肴独具魅力。课后上网查询餐具与菜肴的搭配知识。

📖小词典

1. 餐饮用具

餐饮用具是指餐具、饮具及服务用具。

2. 菜单

菜单是指餐厅提供的列有各种菜肴的清单。菜单是餐厅将自己提供的具有各种不同口味的食品、饮料按一定的程式组合排列出的,供顾客从中进行选择的清单,内容主要包括食品,饮料的品种和价格等。

3. 酒单

酒单是指餐厅提供的酒水清单。其内容包括:酒水的名称、数量、价格及描述四部分。(描述:对某些新推出或引进的饮品应给客人明确的描述,让客人了解其配料、口味、做法及饮用方法。)

学习情境 2

托　盘

餐厅常用托盘如图 2.2.1 所示。

图 2.2.1　餐厅常用托盘

029

情境目标

1. 能根据餐厅所托物品合理选择托盘。

2. 能根据所托物品形状及使用先后顺序合理装盘。

3. 会用托盘摆台、斟酒、分菜、展示饮品,递送账单和信件,托运各种物品等。

4. 能主动获取有效信息,与他人有效的沟通、良好合作。

5. 能按要求正确规范的完成本次工作页的填写。

情境描述

×××中餐厅餐前摆台,需用托盘将餐碟、口汤碗,小调羹,调味碟,筷架,筷子,牙签,水杯,红酒杯,烈酒杯等餐饮用具托运到工作台。

建议学时

10 学时

学习流程

一、收集信息

1. 你见过的托盘有哪些?

2. 托盘是做什么用的?

项目二　中餐摆台

老师给你的小帮助

（1）托盘的手法及操作要领

左手臂自然弯曲90度，五指分开，掌心向上，用大拇指指腹到掌根和其余四指托住盘底，手掌呈凹形，掌心不与盘底接触，平托于胸前。手指根据盘中物品重量变化作相应调整，如图2.2.2、图2.2.3所示。

图2.2.2　托盘手法　　　　　　　　图2.2.3　托盘姿势

（2）托盘的操作程序

①理盘：清洁托盘，垫上盘布。将托盘洗净、消毒、擦干，如果不是防滑托盘，应垫上干净的盘布，如图2.2.4所示。

②装盘：根据物品重量、形状及使用先后顺序合理装盘，如图2.2.5所示。

图2.2.4　理盘　　　　　　　　　图2.2.5　装盘

③起盘：左手五指分开，掌心向上，右手将托盘从桌面拉出，协助左手将盘托起，如图2.2.6所示。

图 2.2.6　起盘

④行走：头正肩平，目视前方，脚步轻快，托盘随着行走节奏自然摆动，左手保持托盘平衡，如图 2.2.7 所示。

图 2.2.7　行走

⑤落盘：上身前倾，左脚向前迈出一小步，根据台面高度曲腿下蹲，右手协助左手将托盘放于台面，安全取出物品，如图 2.2.8 所示。

图 2.2.8　落盘

（3）装盘方法

装盘的方法，如图2.2.9、图2.2.10所示。

①重物、高物放在托盘的里侧，轻物、低物放在托盘外侧；

②先上桌的物品放在前，后上桌的物品放在后；

③重量分布均匀，重心靠近身体。

图2.2.9 装盘方法（一）

图2.2.10 装盘方法（二）

二、拟订学习计划

1. 填写小组成员分工表（见表2.2.1）

表2.2.1 小组成员分工表

小组成员名单	特 点	分 工	备 注

2. 填写学习（工作）进度安排表（见表2.2.2）

表2.2.2 学习（工作）进度安排表

序 号	开始时间	结束时间	完成内容	工作要求	备 注

序　号	开始时间	结束时间	完成内容	工作要求	备　注

三、实施学习计划

🌱**操作小提示**

①应根据所托物品形状、重量选择托盘。

②托盘下蹲拾物时,应将所拾物品留在自己右侧。

1. 托盘手法练习

分组练习,根据练习情况独立填写托盘手法练习情况表,见表2.2.3。

表2.2.3　托盘手法练习情况记录表

手法要求	练习情况		你需要的帮助
	做　到	没做到	
左手臂自然弯曲90度			
五指分开,掌心向上			
用大拇指指腹到掌根和其余四指托住盘底			
手掌呈凹形,掌心不与盘底接触			
平托于胸前			

2. 装盘练习

分组练习,按清单装盘。

①口汤碗10个、小汤勺10个、调味碟10个、筷架10个、筷子10双。

②啤酒1瓶、易拉罐2个、水杯2个。

③红酒1瓶,红酒杯3个。

3. 托盘负重练习

将装满水的啤酒瓶2支装入托盘内,静托5分钟,如图2.2.11所示。

图 2.2.11　托盘负重

请组长将托盘负重练习情况填入表 2.2.4。

表 2.2.4　托盘负重练习情况记录表

小组成员名单	是否翻盘		操作时间	需要的帮助
	是	否		

4. 托盘平衡练习

将装满水的气球一个装入托盘内,静托 5 分钟,不翻盘,保持盘内平衡。

分组练习,请组长将托盘平衡练习情况填入表 2.2.5。

表 2.2.5　托盘平衡练习情况操作记录表

小组成员名单	静托时间	是否翻盘	需要解决的问题

5. 托盘行走练习（见图 2.2.12）

图 2.2.12　托盘行走

任务：将装满水的 10 支啤酒瓶（每次托运 2 支）托运 100 米，要求行走规范自如。

分组练习，组长记录练习情况，填写表 2.2.6。

表 2.2.6　托盘行走练习操作记录表

小组成员名单	是否翻盘	完成时间	行走姿态	需要解决的问题

6. 托盘拾物练习（见图 2.2.13）

图 2.2.13　托盘拾物

将餐盘 10 个装入托盘,托盘行走 50 米,下蹲拾饮料瓶一支,放入盘中,起身再行走 50 米。

分组练习,组长记录练习情况,填写表 2.2.7。

表 2.2.7　托盘拾物练习操作记录表

小组成员名单	是否翻盘	下蹲姿态	需要解决的问题

四、展示与评价

1. 比一比、赛一赛

谁是托盘能手?

分组评选托盘能手,每组推荐 1 名能手展示。托盘能手评价标准见表 2.2.8。

表 2.2.8　托盘能手评价表

＿＿＿＿＿＿小组　　　　　　　　　　姓名＿＿＿＿＿＿＿

项　目	评价点	达标情况			原　因
		优秀(能手)	合格	不合格	
托盘手法	左手臂自然弯曲 90 度,五指分开,掌心向上,用大拇指指腹到掌根和其余四指托住盘底,手掌呈凹形,掌心不与盘底接触,平托于胸前				
装盘方法	重物、高物放在托盘的里侧,轻物、低物放在托盘外侧;先上桌的物品放在前,后上桌的物品放在后;重量分布均匀,重心靠近身体				
托盘负重	托 2 瓶装满水的啤酒瓶 5 分钟,保持托盘平衡,盘内物品不倒不摔				
托盘平衡	托一只装满水的气球,保持盘内平衡 5 分钟				
托盘拾物	下蹲拾物,姿态优美,盘内物品不倒、不摔				
运用物品	装盘符合要求,行走姿态优美,物品安全送到目的地。托盘操作程序正确				
整体形象	动作正确,姿态优美,面带微笑				

2.分组进行自评、小组间互评,填写学习活动评价表(见表 2.2.9)

表 2.2.9　学习活动评价表

学生姓名_____　　教师_____　　班级_____　　学号_____

项　目	自　评			组　评			师　评		
	优秀	合格	不合格	优秀	合格	不合格	优秀	合格	不合格
托盘手法									
装盘方法									
托盘负重									
托盘平衡									
下蹲拾物									
运送物品									
信息收集情况									
利用信息能力									
安全操作意识									
任务明确程度									
学习主动性									
工作页的填写									
协作精神									
出勤情况									
总评									

037

学习拓展

课后尝试托水练习,移动手指掌握托盘平衡技巧

📖 小词典

1.托盘

托盘是餐厅服务员在餐前摆台、餐中提供菜点酒水服务、餐后结账、收台整理时必用的服务工具。

2.托盘的种类及用途(见表 2.2.10)

表 2.2.10　托盘的种类及用途

分类标准	种　类	用　途
按制作材料划分	塑胶防滑托盘	常用于摆台、斟酒、分菜、展示托运饮品
	不锈钢托盘	托送各种物品
	银托盘	递送账单和信件
	木质托盘	不常用
	搪瓷托盘	不常用
按形状与大小规格划分	长方形	托运菜点和餐具等较重物品
	大中圆形托盘	摆台、斟酒、分菜、展示托运饮品
	小圆形托盘	递送账单和信件

学习情境 3

中餐宴会座次安排

情境目标

1. 能根据餐厅的结构、形状、面积等情况合理布局宴会场地。

2. 能根据宴会主题及要求进行座次安排。

情境描述

×××中餐宴会厅有 10 桌婚宴接待任务，正在进行宴前场地布局工作。

建议学时

2 学时

学习流程

一、收集信息

1. 收集宴会厅场地布局图片

2. 宴会厅情况描述

形状：长方形　餐厅家具：餐桌 10 张、转玻 10 个、餐椅 100 把、毛巾柜 3 个、沙发（5

人座长沙发 1 个,单人座沙发 8 个)、茶几 3 个。

1. 餐桌间的距离

一般宴会桌间距 150 厘米,正式宴会桌间距 180 厘米,如图 2.3.1 所示。

图 2.3.1　餐桌间的距离

2. 中餐宴会台形布局原则

中心第一、先右后左、高近低远。

3. 主桌、主宾席区、讲台及表演台布局原则

(1)主桌、主宾席区位于宴会厅上首中心

一般可选用大于一般席区的餐桌或在台布、口布、桌裙、椅套及餐具等色彩与规格上区别于其他席区,增强主桌台面的感染力。

(2)演讲台通常设于舞台左侧三分之一处

表演台设于厅堂正上方,一般为:长 5 米,宽 3 米,用于主人或主宾致词或祝酒。表演台前中间过道通常搭设 T 台,长 4 米,宽 2 米用于走秀或表演者与观众互动活动。

(3)主桌后面可根据宴会主题设置背景

一般可选用花坛屏风、绿色植物、大型盆景及工艺品进行装饰布置,渲染就餐气氛,突出宴会主题。

4. 工作台布局原则

宴会厅一般搭设临时工作台,主桌、主宾区设专用工作台。一般宴会 3 桌设一个工作台,正式宴会 2 桌设一个工作台。

设置原则:将工作台放于宴会厅四周或厅堂有柱子处,方便操作,不影响客人就餐,不影响整体效果,如图 2.3.2、图 2.3.3 所示。

图 2.3.2　工作台的布局

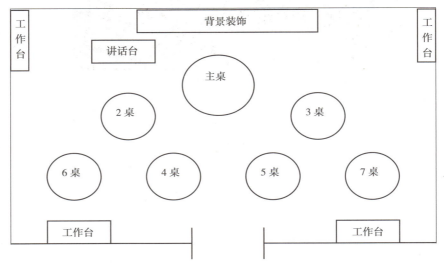

图 2.3.3　中餐宴会厅布局图

5. 中餐宴会座次安排

原则：右为尊、上为尊。宴会座次的安排必须符合礼仪规格，尊重风俗习惯，便于席间服务。应根据宴会的性质、主办单位或主人的特殊要求，出席宴会的客人身份确定其相应的座位。

（1）正式宴会（10 人）座次安排

正式宴会（10 人）座次的安排方式以下两种均可

①背对着餐厅重点装饰面，面向众席或门口是上首，主人在此入座。副主人位在主人位正对面，主人的右侧安排主宾，左侧安排副主宾，副主人右侧安排三宾，左侧安排四宾，其他座位为翻译陪同位，如图 2.3.4 所示。

②背对着餐厅重点装饰面，面向众席或门口是上首，主人在此入座。副主人位在主人位正对面，主人的右侧安排主宾，副主人右侧安排副主宾，主人的左侧安排三宾，副主

人左侧安排四宾,其他座位为翻译陪同位,如图2.3.5所示。

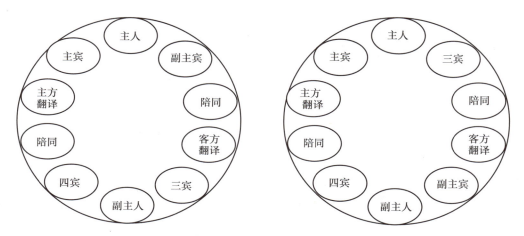

图2.3.4　中餐宴会座次安排图(一)　　　图2.3.5　中餐宴会座次安排图(二)

💡小提示

主人与主宾双方携夫人入席时,主宾夫人坐在主人位置的左侧,主人夫人坐在主宾夫人的左侧,其他位次不变。

（2）婚宴、寿宴座次安排

根据中国传统礼仪和风俗习惯安排,原则是:高位自上而下,自右而左,男左女右,如图2.3.6所示。

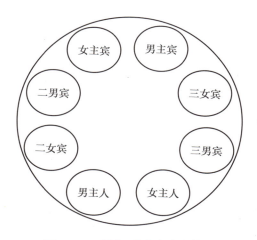

图2.3.6　婚宴、寿宴座次安排图

（3）主人位的安排

①各桌主人位于主桌主人位朝向同一方向,如图2.3.7所示。

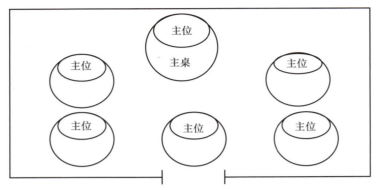

图 2.3.7　主人位安排图

②各桌主人位与主桌主人位相呼应,如图 2.3.8 所示。

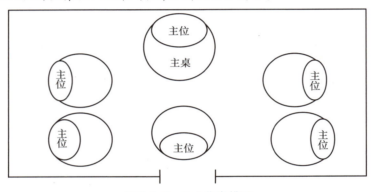

图 2.3.8　主人位安排图

二、拟订学习计划

1. 填写小组成员分工表(见表 2.3.1)

表 2.3.1　小组成员分工表

小组成员名单	特　点	分　工	备　注

2. 填写学习(工作)进度安排表(见表 2.3.2)

表 2.3.2　学习(工作)进度安排表

序　号	开始时间	结束时间	完成内容	工作要求	备　注

序　号	开始时间	结束时间	完成内容	工作要求	备　注

三、实施学习计划

🌱**操作小提示**

①搬运餐厅家具时要注意方法,防摔防损。

②装饰品的选择要符合宴会主题。

1.台形布局

分组练习布置台形,并画出 10 桌台形布局图,标明主桌及主宾席区、工作台、表演台、演讲台位置。

043

2.座次安排

分组练习中餐正式宴会 10 人位座次安排,并画出 10 人位座次安排图。

3.完成 10 桌婚宴就餐区域场地布局(餐厅形状:长方形)

(1)绘制宴会整体布局图

(2)实景布置

四、展示与评价

1. 比一比、赛一赛

谁布置的宴会厅最受客人喜欢?

分组展示,每组派一名组员解说布局意图,其他小组进行评价,见表2.3.3。

表2.3.3　宴会厅布局评价表

_____小组　　　　　　　　　　　　姓名_____

项　目	评价点	达标情况			原　因
		优秀 (能手)	合格	不合格	
主桌及主宾席区	主桌、主宾席区位于宴会厅上首中心,餐桌、台布、口布、桌裙、椅套及餐具等在色彩与规格上区别于其他席区,主桌台面具有感染力				
背景	符合宴会主题				
表演台及演讲台	表演台位于餐厅正上方,大小与餐厅面积匹配,演讲台位于舞台左侧三分之一处				
台形布局	中心第一、先右后左、高近低远				
座次安排	主人位于正对门方向,副主人与主人相对而坐,主人的右侧安排主宾,左侧安排副主宾或三宾,副主人右侧安排三宾或副主宾,左侧安排四宾,其他座位为翻译陪同位				
整体效果	区域分布合理、协调美观、主题突出				

2. 分组进行自评、小组间互评,填写学习活动评价表(见表2.3.4)

表2.3.4　学习活动评价表

学生姓名_____　　教师_____　　班级_____　　学号_____

项　目	自　评			组　评			师　评		
	优秀	合格	不合格	优秀	合格	不合格	优秀	合格	不合格
主桌及主宾席区布局									
背景布局									

项 目	自 评			组 评			师 评		
	优秀	合格	不合格	优秀	合格	不合格	优秀	合格	不合格
表演台及演讲台的搭建									
台形布局									
座次安排									
信息收集情况									
利用信息能力									
安全操作意识									
任务明确程度									
学习主动性									
工作页的填写									
协作精神									
出勤情况									
总评									

045

学习拓展

课后尝试20桌正方形餐厅、异形餐厅的台形布局。

小词典

1. 中心第一

在餐台、台布、口布、餐椅、餐具或装饰物的规格、色彩等方面突出主桌。

2. 先右后左

主人右席的地位高于主人左席的地位。

3. 高近低远

身份高的宾客离主桌近,身份低的宾客离主桌远。

4. 台形

台形是桌与椅恰当摆设所构成的规范形式。

5. 餐厅员工的协助工作

当客人在餐厅举行高规格的中餐宴会时,餐厅员工要协助客方承办人按位次大小排好座次,放上座次牌,以便引导宾客入席就座。

学习情境4

中餐主题宴会台面设计

情境目标

1. 能根据宴会内容选择主题。
2. 能掌握中餐主题宴会台面设计的八大要素,并进行实际操作。
3. 能主动获取有效信息,与他人有效的沟通、良好合作。
4. 能按要求正确规范的完成本次工作页的填写。

情境描述

×××酒店,有两批客人前来预订婚宴、寿宴,中餐厅正进行中餐婚宴、寿宴台面设计。

建议学时

8 学时

学习流程

中餐婚宴台面设计及中餐寿宴台面设计效果如图 2.4.1、图 2.4.2 所示。

图 2.4.1　中餐婚宴台面设计

图 2.4.2　中餐寿宴台面设计

一、收集信息

你见过哪些种类的主题宴会?

1. 中餐婚宴台面设计

（1）中餐婚宴台面设计原则

①烘托婚宴主题原则

台布、餐巾花、椅套、餐用具、装饰物等物品的颜色、材质、造型与宴会布置相协调，能很好体现婚宴喜庆、浪漫等的主题。

②美观实用原则

台面效果应与婚宴场景布置的风格协调，美观大方。

③创新原则

设计应具有艺术性、观赏性及时代性。

（2）中餐婚宴台面设计要求

①按婚宴主题进行设计

②按顾客个性需求进行设计

③按民族习俗进行设计

④利用吉祥图物进行设计

（3）中餐婚宴台面设计的八大要素（举例）

①中餐婚宴台面主题设计

婚宴台面的主题设计以紫色和白色为主调。首先通过浪漫的紫色台布、椅套上的装饰缎带、筷套、牙签、婚宴菜单和台面中间紫色与白色相间的心形花饰渲染了婚宴的浪漫与典雅；其次以高档的水晶杯体现台面的高雅；最后以象征纯洁的白色餐具、餐巾花和椅套为衬托，形成视觉冲击，既突出婚宴主题，又表达了"爱的誓约"，如图2.4.3所示。

图2.4.3 中餐婚宴台面设计——色彩的搭配

②选择台布

选用紫色台布，确定台面主色调，如图2.4.4所示。

③确定装饰主题

图2.4.4　中餐婚宴选择台布颜色

以紫色与白色相间的心形花饰,呈现出台面的浪漫,表达了爱情的纯洁,如图2.4.5所示。

图2.4.5　中餐婚宴确定装饰主题

④选择椅套及装饰缎带

选用白色椅套,用深紫与浅紫搭配的装饰缎带加以点缀,衬托台面主题的同时,呈现出椅子色彩的简约大方,如图2.4.6所示。

（a）　　　　　　　　　　　　　　　（b）

图2.4.6　选择椅套及装饰缎带

⑤餐位用品搭配(餐碟、味碟、汤碗、汤勺、筷架、银汤勺、牙签、筷子、葡萄酒杯、白酒杯、水杯及餐巾花)

选用骨质青花瓷餐具、水晶杯具,搭配银汤勺和浅紫色牙签、筷套及白色餐巾花,完美体现了餐用具的高端大气,如图2.4.7所示。

图2.4.7 中餐婚宴餐位用品搭配

⑥中餐婚宴公筷、公勺配备

在正副主人位正前方放置的公筷勺,低调地体现出了宴席的档次,如图2.4.8所示。

⑦婚宴菜单设计

紫色背景配以心形图案,与台面主题相互辉映,如图2.4.9所示。

⑧台号牌设计

以浅紫色为基调,用"心"表达台面主题"爱的誓约",如图2.4.10所示。

图 2.4.8　中餐婚宴公筷、公勺配备　　图 2.4.9　中餐婚宴菜单设计　　图 2.4.10　中餐婚宴台号牌设计

2. 中餐寿宴台面设计

（1）中餐寿宴台面设计原则

①烘托寿宴主题原则

台布、餐巾花、椅套、餐用具、装饰物等物品的颜色、材质、花型与宴会布置相协调,能很好地体现寿宴富贵、喜庆的主题。

②美观实用原则

台面效果应与寿宴布置的主题风格搭配合理,美观大方。

③创新原则

设计应具有文化性、艺术性和观赏性。

（2）中餐寿宴台面设计要求

①按寿宴主题进行设计

②按顾客个性需求进行设计

③按民族习俗进行设计

④利用吉祥图物进行设计

（3）中餐寿宴台面设计的八大要素(举例)

①中餐寿宴台面主题设计

寿宴台面的主题设计以中国红和宫庭黄为主调,以红色台布,红色餐巾花,红色餐椅及宫庭黄配有"万寿无疆"字体的餐具,带有寿字的黄色筷套、牙签及寿宴菜单等来渲染寿宴的富贵、祥和与喜庆;再以多棱角的高档水晶杯体现台面的高贵;最后以台面中央的寿桃突出寿宴主题,如图 2.4.11 所示。

②选择台布

选用传统红色花纹台布,确定台面主色调,如图 2.4.12 所示。

图 2.4.11 中餐寿宴台面主题设计

图 2.4.12 中餐寿宴台面选择

③确定装饰主题

用"三层"(谐音"生辰")寿桃架满载寿桃表达对寿星的祝福,如图2.4.13所示。

④选择餐椅

选用与主色调一致的红色餐椅,表达喜庆,如图2.4.14所示。

图 2.4.13 中餐寿宴装饰主题

图 2.4.14 中餐寿宴餐椅选择

⑤餐位用品搭配(餐碟、味碟、汤碗、汤勺、筷架、银汤勺、牙签、筷子、葡萄酒杯、白酒杯、水杯及餐巾花)

选用带有"万寿无疆"字样的宫庭黄餐具,搭配金汤勺和带有寿字的黄色筷套、牙签,配以多棱角水晶杯及红色餐巾花,很好地诠释了中国传统寿宴的精粹,如图 2.4.15 所示。

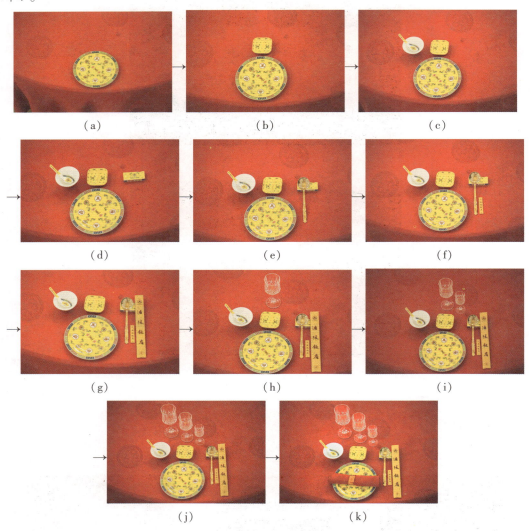

（a） （b） （c）

（d） （e） （f）

（g） （h） （i）

（j） （k）

图 2.4.15　中餐寿宴餐位用品搭配

⑥中餐寿宴公筷、公勺配备

在正副主人位正前方放置的公筷勺,低调地体现出了宴席的档次,如图 2.4.16 所示。

⑦寿宴菜单设计

宫庭黄为背景配以枣红色的字体,端庄富贵,如图 2.4.17 所示。

⑧台号牌设计

用"万寿无疆"突出主题,表达祝福,如图 2.4.18 所示。

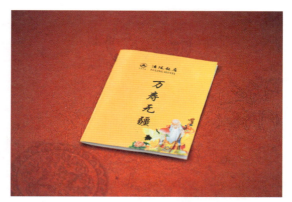

图 2.4.16　中餐寿宴公筷、公勺配备　　　图 2.4.17　中餐寿宴菜单设计

图 2.4.18　中餐寿宴台号牌设计

二、拟订学习（工作）计划

1.填写小组成员分工表（见表 2.4.1）

表 2.4.1　小组成员分工表

小组成员名单	特　点	分　工	备　注

2.填写学习（工作）进度安排表（见表 2.4.2）

表 2.4.2　学习（工作）进度安排表

序　号	开始时间	结束时间	完成内容	工作要求	备　注

续表

序　号	开始时间	结束时间	完成内容	工作要求	备　注

三、实施学习(工作)计划

🌳操作小提示

①主题内容的确定,突显华贵、浪漫、典雅、喜庆,可风格各异。

②台布、餐巾花、椅套、餐具的颜色搭配合理,与宴会主题、餐台大小、宴会风格协调一致。

③菜单、台号牌符合主题设计。

1. 中餐婚宴台面设计

分组练习,按中餐婚宴台面设计的八大要素练习设计,组长填写小组成员练习情况记录表,见表2.4.3。

表2.4.3　中餐婚宴台面设计小组成员练习情况记录表

中餐婚宴台面设计的八大要素	技　法	练习情况		你需要的帮助
		做到	未做到	
中餐婚宴台面主题设计	关键在于颜色搭配,务必遵循同色系配色、临近色配色、对比色配色及分裂互补色配色等原则			
选择台布	颜色符合主题,整洁、无破损			
确定装饰主题	符合台面主题,大小、高度比例适当,具有一定寓意			
选择餐椅(可配椅套及装饰)	颜色与主题搭配协调,整洁、无破损			
餐位用品搭配	餐具颜色、风格与主题协调			
公筷勺配备	正副主人位正前方均配备公筷勺,用筷架摆放			
婚宴菜单设计	精美、具有艺术效果			
台号牌设计	明确反映主题,精美简洁			

2. 中餐寿宴台面设计

分组练习,按中餐寿宴台面设计的八大要素练习中餐寿宴台面设计,组长填写小组成员练习情况记录表,见表 2.4.4。

表 2.4.4　中餐寿宴台面设计小组成员练习情况记录表

中餐寿宴台面设计的八大要素	技　法	练习情况		你需要的帮助
		做到	做不到	
中餐寿宴台面主题设计	关键在于颜色搭配,务必遵循同色系配色、临近色配色、对比色配色及分裂互补色配色等原则			
选择台布	颜色符合主题,整洁、无破损			
确定装饰主题	符合台面主题,大小、高度比例适当,具有一定寓意			
选择餐椅(可配椅套及装饰)	颜色与主题搭配协调,整洁、无破损			
餐位用品搭配	餐具颜色、风格与主题协调			
公筷勺配备	正副主人位正前方均应配备公筷勺,用筷架摆放			
寿宴菜单设计	精美、具有艺术效果			
台号牌设计	明确反映主题,精美简洁			

四、展示与评价

1. 比一比、赛一赛

谁是中餐婚宴台面设计及中餐寿宴台面设计能手?

分组评选中餐婚宴台面设计及中餐寿宴台面设计能手,每组推荐 1 名能手展示。

中餐婚宴台面设计及中餐寿宴台面设计能手评价见表 2.4.5。

表 2.4.5　中餐婚宴台面设计及中餐寿宴台面设计能手评价表

_____小组　　　　　　　　　　　　姓名_____

项　目	评价点	达标情况			原　因
		优秀	合格	不合格	
中餐婚、寿宴台面主题设计	颜色搭配协调、突出主题寓意				
选择台布	颜色选择恰当,尺寸规范、无破损				
确定装饰主题	呈现主题明确				
选择餐椅、椅套及装饰	颜色搭配合理、无破损				
餐位用品搭配	餐具颜色、风格与主题协调				
公筷勺配备	摆放规范				

续表

项　目	评价点	达标情况			原　因
		优秀	合格	不合格	
中餐婚、寿宴菜单设计	精美、具有艺术效果				
台号牌设计	明确反映主题,精美简洁				

2. 学习活动评价表

学习活动评价表见表2.4.6。

表2.4.6　学习活动评价表

学生姓名_____　　教师_____　　班级_____　　学号_____

项　目	自　评			组　评			师　评		
	优秀	合格	不合格	优秀	合格	不合格	优秀	合格	不合格
中餐婚、寿宴台面主题设计									
选择台布									
确定装饰主题									
选择餐椅、椅套及装饰									
餐位用品搭配									
公筷勺配备									
中餐婚、寿宴菜单设计									
台号牌设计									
整体效果									
信息收集情况									
利用信息能力									
安全操作意识									
任务明确程度									
学习主动性									
工作页的填写									
协作精神									
出勤情况									
总评									

学习拓展

1. 宝宝百日宴台面设计
2. 西餐宴会台面设计

操作小提示

1. 根据宝宝性别选择主题颜色基调。

2. 西餐宴会桌面规格:240 厘米×120 厘米;台布两张,铺台布时,主人位方向台布交叠在副主人位方向台布上 5 厘米。

小词典

1. 宴会台面设计

宴会台面设计又称餐桌布置艺术,它是针对宴会主题,运用心理学、美学等相关知识,采用多种手段,将各种宴会台面用品进行合理摆设,并加以装饰点缀,使整个宴会台面形成一个完美的餐桌组合艺术的实用艺术创造。

2. 婚宴

婚宴是指为了庆祝结婚而举办的宴会,在中国通常称作喜酒。

3. 寿宴

寿宴亦作"寿筵",即祝寿的宴会。

学习情境 5

铺装饰布、台布

情境目标

1. 能根据餐台台面选择台布、装饰布。
2. 能正确铺设台布及装饰布。
3. 能主动获取有效信息,与他人有效沟通、良好合作。
4. 能按要求正确、规范地完成本次工作页的填写。

情境描述

×××中餐厅餐前摆台。

建议学时

8 学时

学习流程

装饰布及台布如图2.5.1、图2.5.2所示。

图2.5.1 装饰布

图2.5.2 台布

一、收集信息

1. 你见过哪些种类的台布、装饰布?

2. 你知道台布装饰布是做什么用的吗?

老师给你的小帮助

1. 铺装饰布的六大步骤(推拉式)

(1)叠装饰布

装饰布的折叠方法:反面朝里,沿凸线纵向边对折两次,再横向边对折两次,如图2.5.3所示。

图2.5.3 叠装饰布

(2)开装饰布

拉开主人位餐椅,在主人位,右脚向前迈出一小步,双手将装饰布沿着折缝打开,如图2.5.4所示。

图 2.5.4　开装饰布

（3）收装饰布

双手拇指和食指分别捏紧装饰布一边距中线相等位置,上身前倾,一边抖动装饰布,一边用中指、无名指和小手指抓紧装饰布向自己身体方向收拢,如图 2.5.5、图 2.5.6 所示。

图 2.5.5　收装饰布

图 2.5.6　收装饰布

（4）推装饰布

双手拇指和食指分别捏紧装饰布一边距中线相等位置,上身前倾,将装饰布平推向副主人位,呈扇形打开,如图 2.5.7 所示。

图 2.5.7　推装饰布

（5）拉装饰布

双手拇指和食指分别捏紧装饰布一边距中线相等位置,当装饰布一边刚过副主人位台面时,双手轻轻将装饰布拉正,如图2.5.8所示。

图2.5.8　拉装饰布

（6）整理装饰布

从主人位开始,按顺时针方向,调整装饰布,走台一圈,使装饰布平整均匀的铺于台面上,如图2.5.9所示。

图2.5.9　整理装饰布

2.铺台布的六大步骤(抛铺式)

（1）叠台布

台布的折叠方法:反面朝里,沿凸线纵向对折两次,再横向对折两次,如图2.5.10所示。

图 2.5.10　叠台布

（2）开台布

站在主人位，右脚向前迈出一小步，双手将台布沿着折缝打开，如图 2.5.11 所示。

图 2.5.11　开台布

（3）收台布

双手拇指和食指分别捏紧台布一边距中线相等位置，上身前倾，一边抖动台布，一边用中指、无名指和小手指抓紧台布向自己身体方向收拢，并将台布提于胸前，如图 2.5.12、图 2.5.13 所示。

图 2.5.12　收台布

图 2.5.13　收台布

（4）抛台布

双手拇指和食指分别捏紧台布一边距中线相等位置，将台布向前抛出，平铺于台面，如图 2.5.14 所示。

图 2.5.14　抛台布

（5）拉台布

双手拇指和食指分别捏紧台布一边距中线相等位置，当台布一边刚过副主人位台面时，双手轻轻将台布拉正，如图 2.5.15 所示。

图 2.5.15　拉台布

（6）整理台布

从主人位开始，按顺时针方向，调整台布，走台一圈，使台布达到十字折痕居中，四周下垂部分均等的效果，如图 2.5.16 所示。

图 2.5.16　整理台布

二、拟订学习计划

1. 填写小组成员分工表（见表2.5.1）

表2.5.1　小组成员分工表

小组成员名单	特　点	分　工	备　注

2. 填写学习（工作）进度安排表（见表2.5.2）

表2.5.2　学习（工作）进度安排表

序　号	开始时间	结束时间	完成内容	工作要求	备　注

三、实施学习计划

🌱**操作小提示**

①训练时台布及装饰布不能掉地。

②整理台布时应将台布稍稍向上提起,避免拉动台布时影响装饰布的位置。

③装饰布的颜色应与台布的颜色形成鲜明对比,突出宴会主题。

④台布的颜色规格很多,使用时应与宴会的主题、餐台的大小、餐厅的风格协调一致。台布的大小应与餐桌相配,正方形台布四边下垂为20～30厘米。

1. 铺装饰布

分组练习,按铺装饰布的六个步骤练习铺装饰布,组长填写小组成员练习情况记录表,见表2.5.3。

表 2.5.3　铺装饰布小组成员练习情况记录表

铺台布的步骤	技　法	练习情况		你需要的帮助
		做到	未做到	
叠装饰布	将装饰布正面朝上纵向对折两次,横向对折两次			
开装饰布	站在主人位,右脚向前迈出一小步,双手将装饰布沿着折缝正面朝上打开			
收装饰布	双手拇指和食指分别捏紧装饰布一边距中线相等位置,上身前倾,一边抖动装饰布,一边用中指、无名指和小手指将其余台布提于胸前			
推装饰布	双手拇指和食指分别捏紧装饰布一边距中线相等位置,将台布向前抛出,平铺于台面			
拉装饰布	双手拇指和食指分别捏紧装饰布一边距中线相等位置,当装饰布一边刚过副主人位台面时,双手轻轻将装饰布拉正			
整理装饰布	从主人位开始,按顺时针方向,调整装饰布,走台一圈,使装饰布平整均匀地铺于台面上			

2. 铺台布

分组练习,按铺台布的六个步骤练习铺台布,组长填写小组成员练习情况记录表,见表 2.5.4。

表 2.5.4　铺台布小组成员练习情况记录表

铺台布的步骤	技　法	练习情况		你需要的帮助
		做到	未做到	
叠台布	将台布正面朝上纵向对折两次,横向对折两次			
开台布	站在主人位,右脚向前迈出一小步,双手将台布沿着折缝正面朝上打开			
收台布	双手拇指和食指分别捏紧台布一边距中线相等位置,上身前倾,一边抖动台布,一边用中指、无名指和小手指抓紧台布向自己身体方向收拢			

铺台布的步骤	技　法	练习情况		你需要的帮助
		做到	未做到	
抛台布	双手拇指和食指分别捏紧台布一边距中线相等位置,上身前倾,将台布平推向副主人位,呈扇形打开			
拉台布	双手拇指和食指分别捏紧台布一边距中线相等位置,当台布一边刚过副主人位台面时,双手轻轻将台布拉正			
整理台布	从主人位开始,按顺时针方向,调整台布,走走一圈,使台布达到十字折痕居中,四周下垂部分均等的效果			

四、展示与评价

1. 比一比、赛一赛

谁是铺台布及装饰布能手?

分组评选铺台布及装饰布能手,每组推荐 1 名能手展示。

铺台布及装饰布能手评价见表 2.5.5。

表 2.5.5　铺台布及装饰布能手评价表

_____小组　　　　　　　　　　　　　　　　　　姓名_____

项　目	评价点	达标情况			原　因
		优秀	合格	不合格	
叠台布及装饰布	台布折叠工整规范				
开台布及装饰布	动作连贯,打开的台布不凌乱				
收台布及装饰布	手法正确,台布收拢有次序				
推台布及装饰布	一次推成				
整理台布及装饰布	走台步伐规范优美,台布整理到位				
整体效果	台布及装饰布搭配协调,台布正面朝上、十字折痕居中、四周下垂部分均等				

2. 学习活动评价(见表2.5.6)

表2.5.6 学习活动评价表

学生姓名_____　　教师_____　　班级_____　　学号_____

项　目	自　评			组　评			师　评		
	优秀	合格	不合格	优秀	合格	不合格	优秀	合格	不合格
叠台布及装饰布									
开台布及装饰布									
收台布及装饰布									
推台布及装饰布									
整理台布及装饰布									
整体效果									
信息收集情况									
利用信息能力									
安全操作意识									
任务明确程度									
学习主动性									
工作页的填写									
协作精神									
出勤情况									
总评									

学习拓展

1. 铺长台台布

2. 围台裙

操作小提示

①铺长台台布,需选择几张颜色图案相同的台布,台布接缝朝里。

②桌裙应与桌面齐平,保证桌布平整,接缝处朝里。

小词典

1. 台布

台布是餐厅摆台必需的物品之一,其作用是:美化餐台,增添就餐气氛,保持台面清洁。

2.装饰布

装饰布是指铺在餐台之上起装饰作用的布巾。其作用是：装饰美化台面、烘托就餐氛围、保持台面清洁。

装饰布大小规格应与台面大小规格相当，覆盖整个台面。花型图案、颜色的选择应与台布协调搭配，富有美感。

3.台布的种类及用途

台布的种类及用途见表2.5.7。

表 2.5.7　台布的种类及用途表

分类标准	种　类	用　途
颜色	白色	用于正式宴会
	彩色	用于各种宴会
规格	160 厘米×160 厘米	用于直径为 100～110 厘米的餐桌
	180 厘米×180 厘米	用于直径为 150～160 厘米的餐桌
	220 厘米×220 厘米	用于直径为 180 厘米的餐桌
	240 厘米×240 厘米	用于直径为 200 厘米的餐桌
	260 厘米×260 厘米	用于直径为 220 厘米的餐桌
	180 厘米×360 厘米	用于西餐长台
形状	圆形	用于圆形餐台
	方形	用于圆形及方形餐台
	长方形	用于西餐长台
质地	纯棉	用于正式宴会
	维萨	用于各种宴会

学习情境 6

餐巾折花

情境目标

1.能折叠 20 种以上的植物类花、动物类花、实物类花。

2. 能根据宴会主题选择摆放餐巾花。

3. 能主动获取有效信息，与他人有效的沟通、良好合作；

4. 能按要求正确规范的完成本次工作页的填写。

情境描述

×××中餐厅餐前摆台。

建议学时

18 学时

学习流程

一、收集信息

1. 你知道什么是餐巾吗?

2. 餐巾花有哪些作用?

老师给你的小帮助

1. 餐巾

餐巾又称口布,是客人用餐时的保洁布巾,如图 2.6.1 所示。将餐巾折成各种造型的餐巾花能美化席面,烘托就餐氛围,增强席面的观赏性、文化性、艺术性,如图 2.6.2 所示。

图 2.6.1　餐巾

图 2.6.2　餐巾花

2. 餐巾的种类及特点

餐巾的种类及特点见表 2.6.1。

表 2.6.1　餐巾的种类及特点

种　　类	规　　格	特　　点
全棉餐巾	50～65 厘米	色彩丰富,触感好,吸水性强,但不够挺括,易褪色
维萨餐巾	40～50 厘米	色彩艳丽,挺括,不易褪色,经久耐用,但吸水性较差
化纤餐巾	35～40 厘米	色彩艳丽,挺括,不易褪色,但吸水性差
纸质餐巾	35～50 厘米	一次性使用

3. 餐巾花的种类及特点

餐巾花的种类及特点见表 2.6.2。

表 2.6.2　餐巾花的种类及特点

分类标准	类　型	特　点	例　花
造型外观	动物类造型	模仿动物特征造型,形态逼真,生动活泼	鸽子、海鸥、孔雀
	植物类造型	模仿植物形态造型,造型美观,变化多样	玫瑰花、荷花、竹笋
	其他类造型	模仿自然界和日常生活中的各种实物形态造型,丰富多彩	花篮、鞋子、折扇
放置工具	杯花	立体感强,造型逼真,但折叠手法复杂,容易污染杯具,不宜提前折叠储存,餐巾打开后褶皱明显	白鹤迎宾、孔雀开屏、单荷花
	盘花	折叠手法简捷,无需借助杯具成型,可提前折叠储存,餐巾打开后平整,使用方便卫生	一帆风顺、扇面送爽、王冠
	环花	折叠手法简捷,花型雅致,使用方便卫生	春卷、竹笋、扇面

069

4.餐巾折花的基本技法及要领

（1）折叠

最基本的餐巾折花手法，将餐巾折叠成长方形、正方形、三角形或其他形状，如图2.6.3所示。

折叠时要看准折缝和角度，一次折成，避免反复，折叠后留下的痕迹会影响造型挺括美观。

（a）餐巾折叠成长方形　　　　（b）餐巾折叠成正方形　　　　（c）餐巾折叠成三角形

图2.6.3　餐巾折花技法之折叠

（2）推折

推折是将餐巾折成折裥形状所使用的手法，使花型层次丰富、紧凑美观。推折时拇指、食指捏住餐巾两头形成第一个折裥，用中指控制间距，拇指和食指捏紧折裥向前推至中指位置，拇指和食指捏紧已推折好的折裥，中指控制下一个折裥的距离，以此类推，根据花型的需要推折折裥。

推折分为直推和斜推，如图2.6.4所示。直推即折裥两头大小一样，平行推成折裥。斜推即折裥一头大一头小，向斜面推折，形似扇形。

（a）直推　　　　　　　　　　　（b）斜推

图2.6.4　餐巾折花技法之推折

操作提示：①推折时不能向后拉折；②拇指、食指、中指三指必须配合好，推折出的折裥要均匀整齐；③推折好后，应用手握紧折裥部分，避免折裥散乱影响花型。

（3）卷

卷是将餐巾卷成圆筒形并制成各种花形的手法。卷分为平行卷和斜卷，如图2.6.5所示。平行卷即将餐巾两头一同平行卷拢，卷筒大小一致。斜卷即将餐巾一头固定只卷一头，或一头多卷一头少卷。

（a）平行直卷 　　　　　　　　　（b）斜卷

图2.6.5 　餐巾折花技法之卷

操作提示：平行卷时两手用力均匀，卷筒两头形状大小一样，斜卷时要求能按所卷角度的大小，相互配合。不论哪种卷法都要卷紧，形成的花型才美观。

（4）翻拉

翻拉是将折、卷后的餐巾某部位翻或拉成所需花样。如将餐巾的巾角从下端翻拉至上端、从前面向后面翻拉、将夹层向外翻拉等。如图2.6.6所示。

（a）将餐巾的巾角从夹层向外翻拉 　（b）将餐巾的巾角从下端翻拉至上端

图2.6.6 　餐巾折花技法之翻拉

（5）捏

捏是将餐巾巾角捏成动物头部所使用的手法。操作时，拇指和食指将餐巾巾角上端拉挺做头颅，然后用食指将巾角尖端向里压下，用中指和拇指将压下的巾角捏紧成所需动物头造型，如图2.6.7所示。

图2.6.7 　餐巾折花技法之捏

(6)穿

穿是指用工具(一般使用光滑的筷子)从折好的餐巾夹层折缝中边穿边收,形成皱褶,使造型更加逼真美观的一种方法。如图2.6.8所示。

图2.6.8　餐巾折花技法之穿

二、拟订学习计划

1.填写小组成员分工表(见表2.6.3)

表2.6.3　小组成员分工表

小组成员名单	特点	分工	备注

2.填写学习(工作)进度安排表(见表2.6.4)

表2.6.4　学习(工作)进度安排表

序号	开始时间	结束时间	完成内容	工作要求	备注

三、实施学习计划

💡**操作小提示**

①折叠餐巾花前要洗手消毒,保持实训物品清洁卫生。

②在折叠餐巾花的专用托盘内操作。

③操作手法卫生,不用口咬,下巴按,餐巾花插入杯中时手不触及杯口和杯子上半部分。

④杯花底部应整齐、美观,落杯不超过2/3处。

1. 看图折花

(1)杯花

1)仙人掌

杯花之仙人掌如图2.6.9所示。

图2.6.9　杯花之仙人掌

折叠手法及步骤:

①将餐巾对折成长方形,如图2.6.10(a)所示。

②再将长方形对折成正方形,如图2.6.10(b)所示。

③从中间向两边推折,如图2.6.10(c)所示。

④将下巾角向上折两层包住底部做花根,如图2.6.10(d)所示。

⑤插入杯中整理成型,如图2.6.10(e)所示。

(a)将餐巾对折成长方形　　　(b)再将长方形对折成正方形　　(c)从中间向两边推折

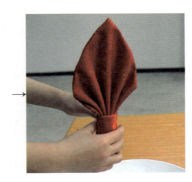 

（d）将下巾角向上折两层包住底部做花根　（e）插入杯中整理成型

图 2.6.10　杯花之仙人掌的折叠手法及步骤

2）单荷花

杯花之单荷花如图 2.6.11 所示。

图 2.6.11　杯花之单荷花

折叠手法及步骤：

①将餐巾对折成长方形，如图 2.6.12（a）所示。

②再将长方形对折成正方形，如图 2.6.12（b）所示。

③从中间向两边推折，如图 2.6.12（c）所示。

④将下巾角向上折两层包住底部做花根，如图 2.6.12（d）所示。

⑤插入杯中，拉开四片巾角，如图 2.6.12（e）所示。

⑥整理成荷花形状，如图 2.6.12（f）所示。

（a）将餐巾对折成长方形　　　（b）将长方形对折成正方形　　（c）从中间向两边推折

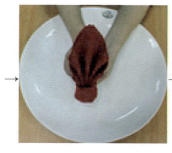  

（d）将下巾角折上包住底部　　　　（e）拉开四片巾角　　　　（f）整理成荷花形状

图 2.6.12　杯花之单荷花的折叠手法及步骤

3）双荷花

杯花之双荷花如图 2.6.13 所示。

图 2.6.13　杯花之双荷花

折叠手法及步骤：

①将餐巾对折成长方形，如图 2.6.14（a）所示。

②再将长方形对折成正方形，如图 2.6.14（b）所示。

③将正方形两面巾角分别向上对折成三角形，如图 2.6.14（c）所示。

④从中间向两边推折，如图 2.6.14（d）所示。

⑤插入杯中，分别拉开两边巾角，如图 2.6.14（e）所示。

⑥将拉开的四片巾角整理成荷花形状，如图 2.6.14（f）所示。

（a）将餐巾对折成长方形　　　　（b）对折成正方形　　　　（c）对折成三角形

（d）从中间向两边推折　　　（e）拉开两边巾角　　　（f）将四片巾角整理成荷花形状

图2.6.14　杯花之双荷花的折叠手法及步骤

4）海螺花

杯花之海螺花如图2.6.15所示。

图2.6.15　杯花之海螺花

折叠手法及步骤：

①将餐巾对折成长方形，如图2.6.16（a）所示。

②再将长方形对折成正方形，如图2.6.16（b）所示。

③餐巾呈菱形摆放，分别将四层巾角往上折，每层间距1厘米，呈三角形，如图2.6.16（c）所示。

④两边向中间对准顶角往下折拢，如图2.6.16（d）所示。

⑤翻面将下面两巾角向上折叠，如图2.6.16（e）所示。

⑥两边对折，如图2.6.16（f）所示。

⑦翻出四片巾角做花叶，如图2.6.16（g）所示。

⑧插入杯中，整理成型，如图2.6.16（h）所示。

（a）将餐巾对折成长方形　　（b）再将长方形对折成正方形　（c）将四层巾角往上折成三角形

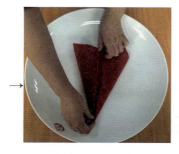 

（d）两边向中间对准顶角往下折拢　　（e）翻面将下面两巾角向上折叠　　　　　　（f）两边对折

（g）翻出四片巾角做花叶　　　　　（h）插入杯中,整理成型

图 2.6.16　杯花之海螺花的折叠方法及步骤

5）富贵牡丹

杯花之富贵牡丹如图 2.6.17 所示。

图 2.6.17　杯花之富贵牡丹

折叠手法及步骤:

①将底边微斜向上对折,如图 2.6.18(a)所示。

②从右向左对折,使四巾角重合,如图 2.6.18(b)所示。

③从底边向上均匀推折,如图 2.6.18(c)所示。

④将两边向下对折,如图 2.6.18(d)所示。

⑤插入杯中,将餐巾折裥一层一层掰开,如图 2.6.18(e)所示。

⑥整理成型,如图 2.6.18(f)所示。

（a）将底边微斜向上对折　　　（b）从右向左对折，使四巾角重合　　（c）从底边向上均匀推折

（d）将两边向下对折　　（e）插入杯中，将餐巾折裥一层一层掰开　　　（f）整理成型

图2.6.18　杯花之富贵牡丹的折叠手法及步骤

6）冲天蝴蝶

杯花之冲天蝴蝶如图2.6.19所示。

图2.6.19　杯花之冲天蝴蝶

折叠手法及步骤：

①将餐巾两边向中间对折成长方形，如图2.6.20（a）所示。

②长方形对折成正方形，如图2.6.20（b）所示。

③底边两巾角往两边呈三角形折叠，如图2.6.20（c）所示。

④从底边向上卷至1/2处，如图2.6.20（d）所示。

⑤剩下的1/2向上推折，如图2.6.20（e）所示。

⑥将卷、折好的餐巾对折，如图2.6.20（f）所示。

⑦插入杯中,整理成形,如图 2.6.20(g)所示。

（a)向中间对折成长方形

（b)对折成正方形

（c)两巾角呈三角形折叠

（d)从底边向上卷1/2　　　　（e)向上推折　　　　（f)对折　　　　（g)插入杯中,
整理成型

图 2.6.20　杯花之冲天蝴蝶的折叠手法及步骤

7）花蝴蝶

杯花之花蝴蝶如图 2.6.21 所示。

图 2.6.21　杯花之花蝴蝶

该花形小巧,形态逼真,适合与蝴蝶花花型搭配放置于其他宾客餐位。

折叠手法及步骤:

①将餐巾两边向中间对折成长方形,如图 2.6.22(a)所示。

②长方形对折成正方形,如图 2.6.22(b)所示。

③两巾角往两边呈三角形折叠,如图 2.6.22(c)所示。

④反面两巾角向两边呈三角形折叠,如图 2.6.22(d)所示。

⑤从底边向上卷 1/2,如图 2.6.22(e)所示。

⑥剩下的 1/2 向上推折,如图 2.6.22(f)所示。

⑦将卷、折好的餐巾对折,如图 2.6.22(g)所示。

⑧插入杯中,整理成型,如图 2.6.22(h)所示。

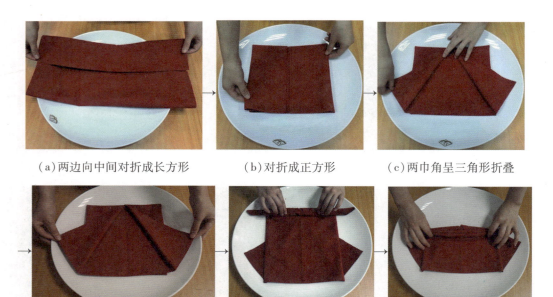

（a）两边向中间对折成长方形　　　（b）对折成正方形　　　（c）两巾角呈三角形折叠

（d）反面两巾角向两边折成三角形　　（e）从底边向上卷1/2　　　（f）向上推折

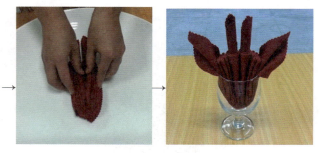

（g）对折　　　（h）插入杯中，整理成型

图 2.6.22　杯花之花蝴蝶的折叠手法及步骤

8）四尾金鱼

杯花之四尾金鱼如图 2.6.23 所示。

图 2.6.23　杯花之四尾金鱼

折叠手法及步骤：

①将餐巾对折成长方形,如图 2.6.24(a)所示。

②再将长方形对折成正方形,如图 2.6.24(b)所示。

③餐巾呈菱形摆放,从中间向两边推折,如图 2.6.24(c)所示。

④将推折好的餐巾对折,有四层巾角的一头向上折拢做金鱼的尾,另一头做金鱼的头,如图 2.6.24(d)所示。

⑤插入杯中,抻开头部,尾部四层巾角拉开成金鱼尾形状,如图 2.6.24(e)所示

⑥插入杯中整理成型,如图 2.6.24(f)所示。

(a)对折成长方形　　　　(b)对折成正方形　　　　(c)从中间向两边推折

(d)对折　　　(e)抻开头部,拉开四巾角做尾　　(f)插入杯中,整理成型

图 2.6.24　杯花之四尾金鱼的折叠手法及步骤

9)二尾金鱼

杯花之二尾金鱼如图 2.6.25 所示。

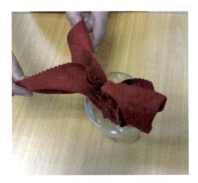

图 2.6.25　杯花之二尾金鱼

折叠手法及步骤：

①将餐巾对折成长方形，如图2.6.26(a)所示。

②再将长方形对折成正方形，如图2.6.26(b)所示。

③将底层和顶层巾角分别向右折至距右巾角2厘米处，如图2.6.26(c)所示。

④餐巾呈菱形摆放，从中间向两边推折，如图2.6.26(d)所示。

⑤将推折好的餐巾对折，有两层巾角的一头向上折拢做金鱼的尾，另一头做金鱼的头，如图2.6.26(e)所示。

⑥插入杯中，抻开头部，尾部两巾角拉开成鱼尾形状，整理成形，如图2.6.26(f)所示。

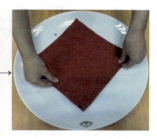

（a）将餐巾对折成长方形　　（b）再将长方形对折成正方形　　（c）将底层和顶层巾角
分别向右折至距右巾角2厘米处

（d）从中间向两边推折　　　（e）对折呈此形状　　　（f）插入杯中，抻开头部，尾部
两巾角拉开成鱼尾形状

图2.6.26　杯花之二尾金鱼的折叠手法及步骤

10）冰玉水仙

杯花之冰玉水仙如图2.6.27所示。

图2.6.27　杯花之冰玉水仙

折叠手法及步骤：

①将餐巾对折成长方形,如图2.6.28(a)所示。

②再将长方形对折成正方形,如图2.6.28(b)所示。

③将上面三层巾角对齐顶角折叠,如图2.6.28(c)所示。

④翻面,将下面一层巾角对齐顶角折叠,如图2.6.28(d)所示。

⑤从中间向两边推折,如图2.6.28(e)所示。

⑥分别翻拉出四巾角做花叶,如图2.6.28(f)所示。

⑦插入杯中,整理成型,如图2.6.28(g)所示。

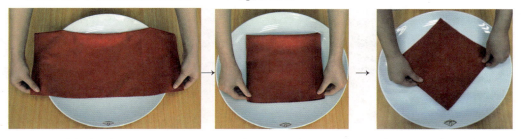

（a）将餐巾对折成长方形　（b）再将长方形对折成正方形　(c)将上面三层巾角对齐顶角折叠

（d）翻面,将下面一层巾角　（e）从中间向两边推折　(f)分别翻拉出四巾角做花叶(g)插入杯中,整理成型
　　对齐顶角折叠

图2.6.28　杯花之冰玉水仙的折叠手法及步骤

11）圣诞火鸡

杯花之圣诞火鸡如图2.6.29所示。

图2.6.29　杯花之圣诞火鸡

折叠手法及步骤：

①将餐巾对折成长方形，如图 2.6.30(a)所示。

②再将长方形对折成正方形，如图 2.6.30(b)所示。

③餐巾呈菱形摆放，分别将上面三层巾角往上折，每层间距 1 厘米，如图 2.6.30(c)所示。

④从中间向两边均匀推折，如图 2.6.30(d)所示。

⑤拉上底层巾角做鸟头，如图 2.6.30(e)所示。

⑥插入杯中，整理成型，如图 2.6.30(f)所示。

（a）将餐巾对折成长方形　　　（b）再将长方形对折成正方形　　　（c）餐巾呈菱形摆放，分别将上面三层巾角往上折，每层间距 1 厘米

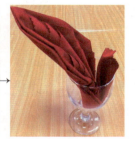

（d）从中间向两边均匀推折　　　（e）拉上底层巾角做鸟头　　　（f）插入杯中，整理成型

图 2.6.30　杯花之圣诞火鸡的折叠手法及步骤

12）长尾鸟

杯花之长尾鸟如图 2.6.31 所示。

图 2.6.31　杯花之长尾鸟

折叠手法及步骤：

①将餐巾对折成三角形，如图 2.6.32(a)所示。

②三角形底边两巾角分别从里侧向顶角对齐折叠成菱形,如图2.6.32(b)所示。

③顶角第一层和底层巾角分别向下折叠与底角对齐,如图2.6.32(c)所示。

④从中间向两边推折,如图2.6.32(d)所示。

⑤将前面巾角翻拉上做鸟头,如图2.6.32(e)所示。

⑥将后面巾角翻拉上做鸟尾,如图2.6.32(f)所示。

⑦两侧巾角翻拉上做鸟翅膀,如图2.6.32(g)所示。

⑧将底部巾角折上两层包住底部做鸟身,如图2.6.32(h)所示。

⑨插入杯中,整理成型,如图2.6.32(i)所示。

（a）将餐巾对折成三角形　　　（b）两巾角向顶角对齐折成菱形（c）顶角第一层和最后一层巾角分别向下折叠与底角对齐

（d）从中间向两边推折　　（e）将前面巾角翻拉上做鸟头　　（f）将后面巾角翻拉上做鸟尾

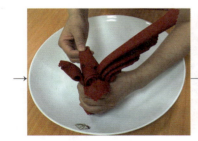

（g）两侧巾角翻拉上做鸟翅膀（h）将底部巾角折上两层包住底部做鸟身　（i）插入杯中,整理成型

图2.6.32　杯花之长尾鸟的折叠手法及步骤

13）小白菜

杯花之小白菜如图2.6.33所示。

图 2.6.33　杯花之小白菜

折叠手法及步骤：

　　①将餐巾对折成长方形,如图2.6.34(a)所示。

　　②分别将正反两面顶角往下与中线对齐折叠呈三角形,如图2.6.34(b)所示。

　　③再对折成三角形,如图2.6.34(c)所示。

　　④从中间向两边斜推,如图2.6.34(d)所示。

　　⑤将顶部叶子翻开,如图2.6.34(e)所示。

　　⑥插入杯中,整理成型,如图2.6.34(f)所示。

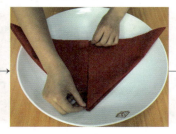

（a）将餐巾对折成长方形　　　（b）分别将正反两面顶角往下与　　　（c）再对折成三角形
　　　　　　　　　　　　　　　　　中线对齐折叠呈三角形

（d）从中间向两边斜推　　　　（e）将顶部叶子翻开　　　　（f）插入杯中,整理成型

图 2.6.34　杯花之小白菜的折叠手法及步骤

14)大鹏展翅

杯花之大鹏展翅如图 2.6.35 所示。

图 2.6.35　杯花之大鹏展翅

折叠手法及步骤：

①将餐巾对折成三角形,如图 2.6.36(a)所示。

②三角形底边两巾角分别从里侧向顶角对齐折叠成菱形,如图 2.6.36(b)所示。

③顶角第一层和底层巾角分别向下折叠与底角对齐,如图 2.6.36(c)所示。

④从中间向两边推折,如图 2.6.36(d)所示。

⑤将前面巾角翻拉上做鸟头,如图 2.6.36(e)所示。

⑥将后面巾角翻拉上做鸟尾,两侧巾角做鸟翅膀,如图 2.6.36(f)所示。

⑦插入杯中,整理成型,如图 2.6.36(g)所示。

087

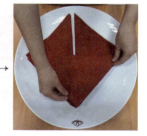

（a)将餐巾对折成三角形　（b)三角形底边两巾角分别　（c)顶角第一层和底层巾角
从里侧向顶角对齐折叠成菱形　分别向下折叠与底角对齐

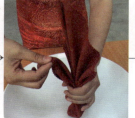

（d)从中间向两边推折　（e)将前面巾角翻拉上做鸟头　（f)将后面巾角翻拉上做
鸟尾,两侧巾角做鸟翅膀　（g)插入杯中,整理成型

图 2.6.36　杯花之大鹏展翅的折叠手法及步骤

项目二　中餐摆台

15）一叶花

杯花之一叶花如图 2.6.37 所示。

图 2.6.37　杯花之一叶花

折叠手法及步骤：

①将餐巾向上折至距顶角 2 厘米处，呈三角形，如图 2.6.38（a）所示。

②从底边向上折 2 厘米，如图 2.6.38（b）所示。

③从中间向两边推折如图 2.6.38（c）所示。

④插入杯中，整理成型，如图 2.6.38（d）所示。

（a）餐巾向上折成三角形　　　　　　　（b）从底边向上折 2 厘米

（c）从中间向两边推折　　　　　　　（d）插入杯中，整理成型

图 2.6.38　杯花之一叶花的折叠手法及步骤

16）二叶花

杯花之二叶花如图 2.6.39 所示。

图 2.6.39　杯花之二叶花

该花形形态美观，折叠手法简单，适合与一叶花搭配放置在副主人位。

折叠手法及步骤：

①将餐巾呈三角形对折，错开两顶角做叶子，如图 2.6.40（a）所示。

②从底边向上折 2 厘米，如图 2.6.40（b）所示。

③从中间向两边推折，如图 2.6.40（c）所示。

④插入杯中，整理成型，如图 2.6.40（d）所示。

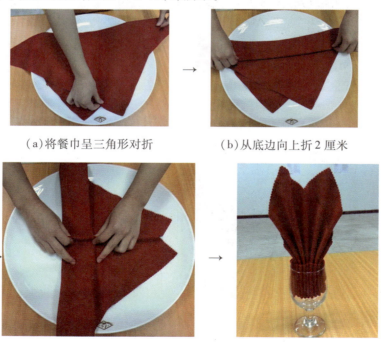

（a）将餐巾呈三角形对折　　　　　（b）从底边向上折 2 厘米

（c）从中间向两边推折　　　　　　（d）插入杯中，整理成型

图 2.6.40　杯花之二叶花的折叠手法及步骤

17）芭蕉叶

杯花之芭蕉叶如图2.6.41所示。

图2.6.41　杯花之芭蕉叶

折叠手法及步骤：

①餐巾呈菱形摆放，从下巾角向上卷至餐巾中线，如图2.6.42（a）所示。

②向上均匀推折，如图2.6.42（b）所示。

③向下对折，卷筒部分在里侧，如图2.6.42（c）所示。

④插入杯中，整理成型，如图2.6.42（d）所示。

（a）餐巾呈菱形摆放，从下　　　　（b）向上均匀推折
巾角向上卷至餐巾中线

（c）向下对折，卷筒部分在里侧　　　（d）插入杯中，整理成型

图2.6.42　杯花之芭蕉叶的折叠手法及步骤

18）白鹤迎宾

杯花之白鹤迎宾如图2.6.43所示。

图 2.6.43　杯花之白鹤迎宾

折叠手法及步骤：

①餐巾呈菱形摆放，左手按住底巾角，右手从右边巾角处往左斜卷至餐巾中间部位，如图 2.6.44（a）所示。

②将左边的巾角向右斜卷至中间部位，如图 2.6.44（b）所示。

③卷好的餐巾呈 W 形折叠，头部是尾部的 1/3 长，如图 2.6.44（c）所示。

④捏鸟头，如图 2.6.44（d）所示。

⑤插入杯中，整理成型，如图 2.6.44（e）所示。

（a）从右边巾角处往左斜卷　　　　　（b）将左边的巾角向右斜卷

（c）呈 W 形折叠，尾部高于头部　　　（d）捏鸟头　　　（e）插入杯中，整理成型

图 2.6.44　杯花之白鹤迎宾的折叠手法及步骤

19）孔雀开屏

杯花之孔雀开屏如图 2.6.45 所示。

图 2.6.45　杯花之孔雀开屏

折叠手法及步骤：

①餐巾呈菱形摆放，双手捏紧两对角从中间往上折 5 厘米左右，如图 2.6.46（a）所示。

②将底巾角向上与顶角对拢折叠，如图 2.6.46（b）所示。

③再将上层巾角往下折叠，与下层相距 2 厘米左右，如图 2.6.46（c）所示。

④从中间往两边推折，如图 2.6.46（d）所示。

⑤用干净光滑的筷子穿进餐巾折裥里，形成皱褶，如图 2.6.46（e）所示。

⑥将底巾角翻拉上做鸟头，如图 2.6.46（f）所示。

⑦插入杯中，抽出筷子，如图 2.6.46（g）所示。

⑧整理成型，如图 2.6.46（h）所示。

（a）餐巾呈菱形摆放，双手捏紧　（b）将底巾角向上与顶角对拢折叠　（c）再将上层巾角往下折叠，
两对角从中间往上折 5 厘米左右　　　　　　　　　　　　　　　　　与下层相距 2 厘米左右

（d）从中间往两边推折　　　　（e）用干净光滑的筷子穿进　（f）将底巾角翻拉上做鸟头
　　　　　　　　　　　　　　　　餐巾折裥里，形成皱褶

(g)插入杯中,抽出筷子　　　　　(h)整理成型

图 2.6.46　杯花之孔雀开屏的折叠手法及步骤

20)海鸥翱翔

杯花之海鸥翱翔如图 2.6.47 所示。

图 2.6.47　杯花之海鸥翱翔

①将餐巾呈菱形摆放,底角向上与顶角对拢对折,如图 2.6.48(a)所示。

②从底边向上卷,留一小角,如图 2.6.48(b)所示。

③将一小角翻下,如图 2.6.48(c)所示。

④将卷好的餐巾筒呈 W 形对折,如图 2.6.48(d)所示。

⑤将压在下面的巾角拉上做头,如图 2.6.48(e)所示。

(a)将餐巾呈菱形摆放,底角　(b)从底边向上卷,留一小角　　(c)将一小角翻下
　　向上与顶角对拢对折

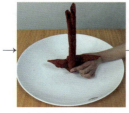

(d)将卷好的餐巾　　(e)将压在下面的　　　(f)捏鸟头　　　(g)插入杯中,整理成型
　　筒呈 W 形对折　　　巾角拉上做头

图 2.6.48　杯花之海鸥翱翔的折叠手法及步骤

项目二　中餐摆台

⑥捏鸟头,如图 2.6.48(f)所示。

⑦插入杯中,整理成型,如图 2.6.48(g)所示。

(2)盘花

1)皇冠

盘花之皇冠如图 2.6.49 所示。

图 2.6.49　盘花之皇冠

折叠手法及步骤:

①将餐巾对折成长方形,如图 2.6.50(a)所示。

②右边巾角往上折至顶边 1/2 处,如图 2.6.50(b)所示。

③左边巾角往下折至底边 1/2 处呈平行四边形,如图 2.6.50(c)所示。

④翻面对折,如图 2.6.50(d)所示。

⑤将两巾角翻下,如图 2.6.50(e)所示。

⑥对折,将底边左巾角插入右边巾角夹层里,如图 2.6.50(f)所示。

⑦放入盘中,整理成型,如图 2.6.50(g)所示。

(a)对折成长方形　　　　　(b)右边巾角往上折　　　　　(c)左边巾角往下折

(d)翻面对折　　　　(e)两巾角翻下　　　(f)底边左巾角插入右夹层里(g)放入盘中,整理成型

图 2.6.50　盘花之皇冠的折叠手法及步骤

2）寒冬冬笋

盘花之寒冬冬笋如图2.6.51所示。

图2.6.51　盘花之寒冬冬笋

折叠手法及步骤

①将顶边微斜向下对折,如图2.6.52(a)所示。

②从左向右对折,如图2.6.52(b)所示。

③先折上底角第一层两巾角,如图2.6.52(c)所示。

④再将第二层折上与第一层间距2厘米左右,如图2.6.52(d)所示。

⑤将底边两巾角向背后折,一巾角插入另一巾角夹层中,如图2.6.52(e)所示。

⑥放入盘中,整理成型,如图2.6.52(f)所示。

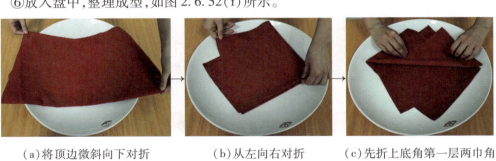

（a）将顶边微斜向下对折　　　（b）从左向右对折　　　（c）先折上底角第一层两巾角

（d）再将第二层折上与　　　（e）将底边两巾角向背后折,　（f）放入盘中,整理成型
第一层间距2厘米左右　　　　一巾角插入另一巾角夹层中

图2.6.52　盘花之寒冬冬笋的折叠手法及步骤

3）迎风帆船

盘花之迎风帆船如图2.6.53所示。

图 2.6.53　盘花之迎风帆船

折叠手法及步骤：

①将餐巾对折成长方形,如图2.6.54(a)所示。

②再将长方形对折成正方形,如图2.6.54(b)所示。

③餐巾呈菱形摆放,分别将四层巾角往上折,每层间距1厘米,呈三角形,如图2.6.54(c)所示。

④两边向中间对准顶角往下折拢,如图2.6.54(d)所示。

⑤翻面将下面两巾角向上折叠,如图2.6.54(e)所示。

⑥两边对折,如图2.6.54(f)所示。

⑦翻出四片巾角做船帆,如图2.6.54(g)所示。

⑧放入盘中,整理成型,如图2.6.54(h)所示。

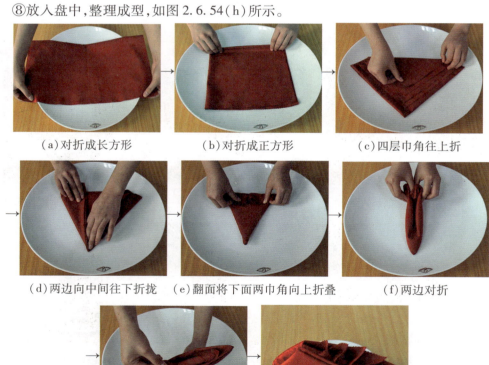

（a）对折成长方形　　　　　（b）对折成正方形　　　　　（c）四层巾角往上折

（d）两边向中间往下折拢　（e）翻面将下面两巾角向上折叠　　　（f）两边对折

（g）翻出四片巾角做船帆　　　（h）放入盘中,整理成型

图 2.6.54　盘花之迎风帆船的折叠手法及步骤

4)池中填鸭

盘花之池中填鸭如图 2.6.55 所示。

图 2.6.55　盘花之池中填鸭

折叠手法及步骤：

①将餐巾对折成长方形,如图 2.6.56(a)所示。

②再将长方形对折成正方形,如图 2.6.56(b)所示。

③餐巾呈菱形摆放,分别将三层巾角往上折,每层间距 1 厘米,如图 2.6.56(c)所示。

④两边向中间对准顶角往下折拢,如图 2.6.56(d)所示。

⑤将横底边向内插入夹层里,如图 2.6.56(e)所示。

⑥两边向后对折,如图 2.6.56(f)所示。

⑦翻上底巾角做鸭头,如图 2.6.56(g)所示。

⑧捏鸭头,如图 2.6.56(h)所示。

⑨放入盘中,整理成型,如图 2.6.56(i)所示。

（a）餐巾对折成长方形　（b）再将长方形对折成正方形　（c）餐巾呈菱形摆放,分别将三层巾角往上折,每层间距 1 厘米

（d）两边向中间对准顶角　（e）将横底边向内插入夹层里　（f）两边向后对折
往下折拢

097

项目二　中餐摆台

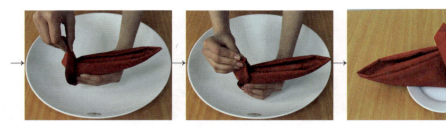

（g）翻上底巾角做鸭头　　　　　（h）捏鸭头　　　　　（i）放入盘中，整理成型

图2.6.56　盘花之池中填鸭的折叠手法及步骤

5）扇面送爽

盘花之扇面送爽如图2.6.57所示。

图2.6.57　盘花之扇面送爽

折叠手法及步骤：

①将餐巾底边向上折叠1/4，如图2.6.58（a）所示。

②顶边向下折叠1/4，如图2.6.58（b）所示。

③对折成长方形，如图2.6.58（c）所示。

④从一边向另一边推折5~7个折裥，如图2.6.58（d）所示。

⑤将两面夹层里的巾角拉成直角三角形，如图2.6.58（e）所示。

⑥放入盘中，整理成型，如图2.6.58（f）所示。

（a）底边向上折叠1/4　　　（b）顶边向下折叠1/4　　　（c）对折成长方形

（d）推折5~7个折裥　　（e）夹层里的巾角拉成直角三角形　　（f）放入盘中，整理成型

图2.6.58　盘花之扇面送爽的折叠手法及步骤

6）翻领衬衫

盘花之翻领衬衫如图 2.6.59 所示。

图 2.6.59　盘花之翻领衬衫

折叠手法及步骤：

①将餐巾呈菱形摆放，底角向上对折呈三角形，如图 2.6.60(a)所示。

②将两底角向上与顶角对齐折成菱形，如图 2.6.60(b)所示。

③翻面，将菱形对折呈三角形，如图 2.6.60(c)所示。

④将底边两巾角向背面中间对折，如图 2.6.60(d)所示。

⑤翻面，将顶角分别向左右翻成衣领，如图 2.6.60(e)所示。

⑥放入盘中，整理成型，如图 2.6.60(f)所示。

（a）将餐巾呈菱形摆放，底角
向上对折呈三角形

（b）两底角向上与顶角
对齐折成菱形

（c）翻面，将菱形对折呈三角形

（d）将底边两巾角向背面
中间对折

（e）翻面，将顶角分别
向左右翻成衣领

（f）放入盘中，整理成型

图 2.6.60　盘花之翻领衬衫的折叠手法及步骤

7）和服归箱

盘花之和服归箱如图 2.6.61 所示。

图 2.6.61　盘花之和服归箱

折叠手法及步骤：

①将餐巾呈三角形折叠，如图 2.6.62(a) 所示。

②底边向上折叠 2 厘米，如图 2.6.62(b) 所示。

③翻面，上边两巾角向下交叉折叠，如图 2.6.62(c) 所示。

④翻面，两边往中间折 1 厘米，如图 2.6.62(d) 所示。

⑤下面巾角部分往上压在上边夹层里，如图 2.6.62(e) 所示。

⑥翻面整理成型，放入盘中，如图 2.6.62(f) 所示。

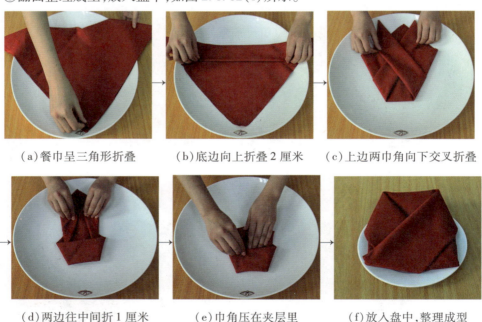

(a)餐巾呈三角形折叠　　(b)底边向上折叠 2 厘米　　(c)上边两巾角向下交叉折叠

(d)两边往中间折 1 厘米　　(e)巾角压在夹层里　　(f)放入盘中，整理成型

图 2.6.62　盘花之和服归箱的折叠手法及步骤

8)令箭荷花

盘花之令箭荷花如图 2.6.63 所示。

折叠手法及步骤：

①将餐巾对折成长方形，如图 2.6.64(a) 所示。

②再将长方形对折成正方形，如图 2.6.64(b) 所示。

图 2.6.63　盘花之令箭荷花

③餐巾呈菱形摆放,将四层巾角一起往上对折呈三角形,如图 2.6.64(c)所示。

④两边向中间对准顶角往下折拢,如图 2.6.64(d)所示。

⑤翻面将下面两巾角向上折叠,如图 2.6.64(e)所示。

⑥两边对折,如图 2.6.64(f)所示。

⑦拉出四片巾角做花叶,如图 2.6.64(g)所示。

⑧放入盘中,整理成型,如图 2.6.64(h)所示。

(a)将餐巾对折成长方形　　(b)再将长方形对折成正方形　　(c)餐巾呈菱形摆放,将四层巾角一起往上对折呈三角形

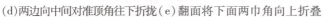

(d)两边向中间对准顶角往下折拢(e)翻面将下面两巾角向上折叠　　(f)两边对折

(g)拉出四片巾角做花叶　　　(h)放入盘中,整理成型

图 2.6.64　盘花之令箭荷花的折叠手法及步骤

9）蝴蝶纷飞

盘花之蝴蝶纷飞如图 2.6.65 所示。

图 2.6.65　盘花之蝴蝶纷飞

折叠手法及步骤：

①将餐巾底边与顶边向中间对折成长方形，如图 2.6.66（a）所示。

②再向背面对折成长方形，如图 2.6.66（b）所示。

③分别从长方形两端向中间对折两次后呈左右各三层，使餐巾边位于最上层，如图 2.6.66（c）所示。

④将上两层分别向相反的方向斜卷成圆锥形，如图 2.6.66（d）所示。

⑤放入盘中，整理成型，如图 2.6.66（e）所示。

（a）将餐巾底边与顶边
向中间对折成长方形

（b）再向背面对折成长方形

（c）分别从长方形两端向中间
对折两次后呈左右各三层，
使餐巾边位于最上层

（d）将上两层分别向相反的
方向斜卷成圆锥形

（e）放入盘中，整理成型

图 2.6.66　盘花之蝴蝶纷飞的折叠手法及步骤

10）出水芙蓉

盘花之出水芙蓉如图2.6.67所示。

图2.6.67　盘花之出水芙蓉

折叠手法及步骤：

①将四巾角向中点折，如图2.6.68（a）所示。

②再将四巾角向中点折，如图2.6.68（b）所示。

③翻面，将四巾角向中点折，如图2.6.68（c）所示。

④将背面四巾角向外拉出，如图2.6.68（d）所示。

⑤放入盘中，整理成型，如图2.6.68（e）所示。

（a）将四巾角向中点折　　（b）再将四巾角向中点折　　（c）翻面，将四巾角向中点折

（d）将背面四巾角向外拉出　　（e）放入盘中，整理成型

图2.6.68　盘花之出水芙蓉的折叠手法及步骤

（3）环花

1）蝴蝶结

环花之蝴蝶结如图2.6.69所示。

图 2.6.69　环花之蝴蝶结

折叠手法及步骤：

①将餐巾底边与顶边向中间对拢折叠成长方形，如图 2.6.70（a）所示。

②再对折成长方形，如图 2.6.70（b）所示。

③从一边向另一边均匀推折，如图 2.6.70（c）所示。

④将推折好的餐巾套入餐巾扣中，如图 2.6.70（d）所示。

⑤放入盘中，整理成型，如图 2.6.70（e）所示；

（a）将餐巾底边与顶边向中间　　　（b）再对折成长方形　　　（c）从一边向另一边均匀推折
　　对拢折叠成长方形

（d）将推折好的餐巾套入餐巾扣中　　（e）放入盘中，整理成型

图 2.6.70　环花之蝴蝶结的折叠手法及步骤

2）折扇

环花之折扇如图 2.6.71 所示。

图 2.6.71　环花之折扇

折叠手法及步骤：

①将餐巾对折成长方形，如图 2.6.72(a)所示。

②将两层餐巾分别向两边对折，如图 2.6.72(b)所示。

③从一边向另一边均匀推折，如图 2.6.72(c)所示。

④套上餐巾扣，如图 2.6.72(d)所示。

⑤放入盘中，整理成型，如图 2.6.72(e)所示。

（a)将餐巾对折成长方形　　（b)将两层餐巾分别向两边对折（c)从一边向另一边均匀推折

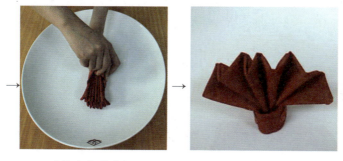

（d)套上餐巾扣　　　　（e)放入盘中，整理成型

图 2.6.72　环花之折扇的折叠手法及步骤

2.自创花型

小组活动：运用餐巾折花技法，模仿生活中花草树木、鸟兽虫鱼、实物用品，自创餐巾花型(杯花、盘花、环花各 2 个)。组内成员共同探讨，创作花型，填写自创花型评价表，见表 2.6.5。

表 2.6.5　自创花型评价表

花型种类	花型名称	折叠手法及步骤	评价			存在的问题
			自评	组评	师评	
杯花						
盘花						
环花						

3. 摆放餐巾花

老师给你的小帮助

餐巾花的摆放

①餐巾花观赏面朝向客人,特殊花型主位除外。

②主人位应摆放高大醒目的花,副主人位次之,其他宾客餐位的花要高低均匀,错落有致,整体协调。

③形状相似的花型要错开并对称摆放。

④有头尾的动物造型花应头朝右,主位除外。

⑤同桌的餐巾花摆放间距要匀称,做到花不遮挡餐具,不妨碍服务操作。

任务:将下列 10 种杯花摆放在 10 人位餐位上,并填写餐巾花摆放效果评价表,见表 2.6.6。

白鹤迎宾　孔雀开屏　单荷花　双荷花　冰玉水仙　海螺花　四尾金鱼　二尾金鱼　花蝴蝶　冲天蝴蝶

表 2.6.6　餐巾花摆放效果评价表

餐位	餐巾花名	整体效果评价		
		自评	组评	师评
主人位				
副主人位				
主宾位				
副主宾位				
第三宾位				

餐位	餐巾花名	整体效果评价		
		自评	组评	师评
第四宾位				
第五宾位				
第六宾位				
第七宾位				
第八宾位				

四、展示与评价

1. 比一比、赛一赛

6分钟折叠10种餐巾花(6种杯花、4种盘花),其中5种动物类造型花,5种植物类造型花。看谁又快又好。

2. 分组进行自评、小组间互评,填写学习活动评价表(见表2.6.7)

表2.6.7 学习活动评价表

学生姓名_____ 教师_____ 班级_____ 学号_____

项目	自评			组评			师评		
	优秀	合格	不合格	优秀	合格	不合格	优秀	合格	不合格
折叠手法									
花型整体效果									
自创花型									
餐巾花的摆放									
信息收集情况									
利用信息能力									
安全操作意识									
任务明确程度									
学习主动性									
工作页的填写									
协作精神									
出勤情况									
总评									

项目二 中餐摆台

学习拓展

设计一桌婚宴的餐巾花

小词典

1.杯花

将折叠好的餐巾花插入杯中,需要借助杯子完成造型。其特点是立体感强,造型逼真,但折叠手法复杂,容易污染杯具,不宜提前折叠储存,餐巾打开后褶皱明显。

2.盘花

造型完整,可放于盘中,也可直接置于台面。其特点是折叠手法简捷,可提前折叠储存,餐巾打开后平整,使用方便卫生。

3.环花

将餐巾卷好或折叠成一定形状,套在餐巾环或餐巾扣内,放在装饰盘或餐盘中。其特点是折叠手法简捷,花型雅致,使用方便卫生。

4.餐巾花的选择

一般应根据宴会的主题、规模、规格、来宾的宗教信仰、风俗习惯、季节时令、餐厅装修风格等因素来选择设计餐巾花,以达到布置协调、装饰美化就餐环境的效果。如:寿宴宜选择寿桃、生日蜡烛等花型,婚宴宜选择玫瑰、并蒂莲、百合等花型;大型宴会宜选择简洁的盘花,便于提前折叠;春天宜选择春日浮荷、雨后春笋等花型。色彩的选择应与餐厅的装修风格协调一致。

学习情境7

摆放餐饮用具

情境目标

1.能合理摆放零点餐位。

2.能进行宴会摆台。

3.能主动获取有效信息,与他人有效沟通、良好合作。

4.能按要求正确、规范地完成本次工作页的填写。

情境描述

×××中餐厅餐前摆台。

建议学时

16 学时

学习流程

一、收集信息

1. 查询中餐零点餐摆台所需物品。

2. 查询中餐宴会摆台所需物品。

═══ 老师给你的小帮助 ═══

摆放餐饮具顺序及标准

1. 餐碟定位

从主人位开始一次性定位摆放餐碟,餐碟边沿距桌边1.5厘米;每个餐碟之间间隔距离相等;相对的餐碟与餐桌中心点三点成一直线;有店徽或造型图案应正对客人;操作要轻松、规范、手法卫生,如图2.7.1所示。

图2.7.1 餐碟定位

2. 摆放汤碗、汤勺(瓷更)和味碟

汤碗摆放在餐碟左上方1厘米处,味碟摆放在餐碟右上方,汤勺放置于汤碗中,勺把朝左,与餐碟平行。汤碗与味碟之间距离的中点对准餐碟的中线,汤碗与味碟、餐碟间相距1厘米,如图2.7.2所示。

3. 摆放筷架、银更(长柄勺)、筷子、牙签

筷架摆在餐碟右边,中点与汤碗、味碟中点在一条直线上;银更、筷子搁摆在筷架上,筷尾的右下角距桌沿1.5厘米;牙签位于银更和筷子之间,牙签套正面朝上,底部与银更齐平;筷套正面朝上。筷架距离味碟1厘米,如图2.7.3所示。

項目二 中餐摆台

图 2.7.2　摆放汤碗、汤勺（瓷更）和味碟

图 2.7.3　摆放筷架、银更（长柄勺）、筷子、牙签

4. 摆放葡萄酒杯、白酒杯、水杯

葡萄酒杯摆放在餐碟正上方（汤碗与味碟之间距离的中点线上）；白酒杯摆在葡萄酒杯的右侧，水杯位于葡萄酒杯左侧，杯肚间隔1厘米，三杯杯底中点连线成一直线，该直线与相对两个餐碟的中点连线垂直；水杯待餐巾花折好后一起摆上桌，水杯肚距离汤碗边1厘米；摆杯手法正确、卫生，如图2.7.4所示。

图 2.7.4　摆放葡萄酒杯、白酒杯、水杯

5. 摆放公用餐具

公用筷架摆放在主人和副主人餐位正上方,距水杯肚3厘米,公勺、公筷置于公用筷架之上,勺柄、筷子尾端朝右。如折的是杯花,可先摆放杯花,再摆放公用餐具,如图2.7.5所示。

图 2.7.5　摆放公用餐具

6. 摆放菜单、花瓶和桌号牌

花瓶摆在台面正中。菜单摆放在正副主人的筷子架右侧,位置一致,菜单右尾端距离桌边1.5厘米。桌号牌摆放在花瓶正前方、面对副主人位,如图2.7.6所示。

图 2.7.6　摆放菜单、花瓶和桌号牌

二、拟订学习计划

1. 填写小组成员分工表（见表 2.7.1）

表 2.7.1　小组成员分工表

小组成员名单	特点	分工	备注

2. 填写学习（工作）进度安排表（见表 2.7.2）

表 2.7.2　学习（工作）进度安排表

序号	开始时间	结束时间	完成内容	工作要求	备注

三、实施学习计划

💡操作小提示

①注意操作的规范性和观赏性。

②注意操作卫生，操作时手指不能伸进餐、酒具中，不触及杯口及杯的上部，应拿杯柄或杯底。

③轻拿轻放，无碰撞声。

④除花瓶、花插等装饰物和桌号牌可徒手操作外，其他物品均须使用托盘操作。

⑤摆台后对台面做整体检查，保证台面整齐，餐具和用具齐全，摆放一致无破损。

1. 摆放零点餐位

零点餐位摆放如图 2.7.7 所示。

图 2.7.7　零点餐位

（1）摆放零点餐位用品

骨碟、调味碟、汤碗、汤勺、筷架、筷子、水杯、公共用具（花瓶或花插、烟灰缸、火柴、调味壶、台号、特选菜单等）。

（2）根据餐具摆放顺序及标准摆放零点餐餐位

请组长将摆放零点餐餐位练习情况填入表 2.7.3。

表 2.7.3　摆放零点餐位练习情况操作记录表

小组成员名单	摆放顺序是否正确		是否符合摆放标准		是否具有规范性、观赏性		你需要的帮助
	是	否	是	否	是	否	

2. 摆放宴会餐位

宴会餐位摆放如图 2.7.8 所示。

（1）摆放宴会餐位用品

装饰盘、骨碟、调味碟、汤碗、汤勺、筷架、筷子、葡萄酒杯、白酒杯、水杯、公共用具（花瓶或花插、烟灰缸、火柴、调味壶、台号、宴会菜单等）。

（2）根据餐具摆放顺序及标准摆放宴会餐位

请组长将摆放宴会餐位练习情况填入表 2.7.4。

图 2.7.8　宴会餐位摆放

表 2.7.4　摆放宴会餐位练习情况操作记录表

小组成员名单	摆放顺序是否正确		是否符合摆放标准		是否具有规范性、观赏性		你需要的帮助
	是	否	是	否	是	否	

四、展示与评价

1. 比一比、赛一赛

分组评选摆放餐饮用具能手,每组推荐 1 名能手展示。

摆放餐饮用具能手评价标准见表 2.7.5。

表 2.7.5　摆放餐饮用具能手评价表

_____小组　　　　　　　　　　　　　姓名_____

项目	评价点	达标情况			原因
		优秀	合格	不合格	
餐碟	从主人位开始一次性定位,餐碟距桌边1.5厘米,餐碟间距离均等,与相对餐碟、餐桌中心点三点一线。拿碟手法正确(手拿餐碟边缘部分)、卫生、无碰撞				

项目	评价点	达标情况			原因
		优秀	合格	不合格	
汤碗、汤勺、味碟	汤碗、味碟、汤勺摆放顺序及位置正确,汤碗与味碟之间距离的中点对准餐碟的中点,汤碗、味碟、餐碟间相距均为1厘米				
筷架、银更、筷子、牙签	筷架、银更、筷子、牙签摆放顺序及位置正确,汤碗与味碟之间距离的中点对准餐碟的中点,汤碗、味碟、餐碟间相距均为1厘米				
葡萄酒杯、白酒杯、水杯	摆放顺序及位置正确按杯肚间隔1厘米,三杯杯底中点与水平成一直线(零点餐只摆水杯)。摆杯手法正确(手拿杯柄或中下部)、卫生				
公用餐具	摆放顺序及位置正确,按先勺后筷顺序将公勺、公筷搁摆于公用筷架之上,勺柄、筷子尾端朝右				
菜单、花瓶和桌号牌	花瓶摆在台面正中;菜单摆放在正副主人的筷子架右侧,位置一致,菜单右尾端距离桌边1.5厘米;桌号牌摆放在花瓶正前方,面对副主人位				
整体效果	台面摆台整体美观、便于使用、具有艺术美感				
操作综合印象	动作规范、娴熟、敏捷、声轻,姿态优美,能体现岗位气质				

115

2. 分组进行自评、小组间互评,填写学习活动评价表(见表2.7.6)

表2.7.6 学习活动评价表

学生姓名_____ 教师_____ 班级_____ 学号_____

项目	自评			组评			师评		
	优秀	合格	不合格	优秀	合格	不合格	优秀	合格	不合格
零点餐位摆放									
宴会餐位摆放									
操作的规范性观赏性									

续表

项目	自评			组评			师评		
	优秀	合格	不合格	优秀	合格	不合格	优秀	合格	不合格
信息收集情况									
利用信息能力									
安全操作意识									
任务明确程度									
学习主动性									
工作页的填写									
协作精神									
出勤情况									
总评									

学习拓展

1. 摆放4人方台、6人圆台、8人圆台、12人圆台餐位

💡**操作小提示**

①4人方台,采用十字对称法。

②6人圆台,采用一字对中,左右对称法。

③8人圆台,采用十字对中,两两对称法。

④12人圆台,采用十字对中,两两对称法。

2. 中餐宴会摆台比赛

每组推荐1名能手参赛,推荐1名裁判评分。

(1)比赛要求

①按中餐正式宴会摆台。

②操作时间16分钟(比赛结束前3分钟两遍提醒选手"离比赛结束还有3分钟";提前完成不加分,每超过30秒,扣总分2分,不足30秒按30秒计算,以此类推;超时2分钟不予继续比赛,裁判根据选手完成部分进行评判计分)。

③选手必须佩带号牌提前进入比赛场地,在指定区域按组别向裁判进行仪容仪表展示,时间1分钟。

④裁判员统一口令"开始准备"进行准备,准备时间3分钟。准备就绪后,选手站在工作台前、主人位后侧,举手示意。

⑤选手在裁判员宣布"比赛开始"后开始操作。

⑥比赛开始时,选手站在主人位后侧。比赛中所有操作必须按顺时针方向进行。

⑦所有操作结束后,选手应回到工作台前,举手示意"比赛完毕"。

⑧除台布、装饰布、花瓶和桌号牌可徒手操作外,其他物品均须使用托盘操作。

⑨餐巾准备无任何折痕;餐巾折花花型不限,但须突出正、副主人位花型,整体挺括、和谐、美观。

⑩比赛中允许使用托盘垫。

⑪在拉椅让座之前(铺装饰布、台布时除外),餐椅保持"三三二二"对称摆放,椅面1/2塞进桌面。铺装饰布、台布时,可拉开主人位餐椅。

⑫物品落地每件扣3分,物品碰倒每件扣2分;物品遗漏每件扣1分。逆时针操作扣1分/次。

（2）比赛评分标准

1）现场操作评分标准

现场操作评分标准见表2.7.7。

表 2.7.7　比赛评分标准

项　　目	操作程序及标准	分值	扣分	得分
台布及装饰布（10分）	可采用抖铺式、推拉式或撒网式铺设装饰布、台布,要求一次完成,两次扣0.5分,三次及以上不得分	3		
	拉开主人位餐椅,在主人位铺装饰布、台布	1		
	装饰布平铺在台布下面,正面朝上,台面平整,下垂均等	3		
	台布正面朝上;定位准确,中心线凸缝向上,且对准正副主人位;台面平整;十字居中,台布四周下垂均等	3		
餐碟定位（10分）	从主人位开始一次性定位摆放餐碟,餐碟间距离均等,与相对餐碟、餐桌中心点三点一线	6		
	餐碟边距桌沿1.5厘米	2		
	拿碟手法正确(手拿餐碟边缘部分)、卫生、无碰撞	2		
汤碗、汤勺、味碟（10分）	汤碗摆放在餐碟左上方1厘米处,味碟摆放在餐碟右上方,汤勺放置于汤碗中,勺把朝左,与餐碟平行	5		
	汤碗与味碟之间距离的中点对准餐碟的中点,汤碗、味碟、餐碟间相距均为1厘米	5		
筷架、银更、筷子、牙签（5分）	筷架摆在餐碟右边,其中点与汤碗、味碟在一条直线上	1		
	银更、筷子搁摆在筷架上,筷尾的右下角距桌沿1.5厘米	2		
	筷套正面朝上	1		
	牙签位于银更和筷子之间,牙签套正面朝上,底部与银更齐平	1		
葡萄酒杯、白酒杯、水杯（10分）	葡萄酒杯在餐碟正上方(汤碗与味碟之间距离的中点线上)	3		
	白酒杯摆在葡萄酒杯的右侧,水杯位于葡萄酒杯左侧,杯肚间隔1厘米,三杯杯底中点与水平成一直线。水杯待餐巾花折好后一起摆上桌,杯花底部应整齐、美观,落杯不超过2/3处	5		
	摆杯手法正确(手拿杯柄或中下部)、卫生	2		

续表

项　目	操作程序及标准	分值	扣分	得分
公用餐具 （2分）	公用筷架摆放在主人和副主人餐位正上方，距水杯3厘米。如折的是杯花，可先摆放杯花，再摆放公用餐具	1		
	按先勺后筷顺序将公勺、公筷搁摆于公用筷架之上，勺柄、筷子尾端朝右	1		
餐巾折花 （20分）	花型突出正、副主人位，整体协调； 有头、尾的动物造型应头朝右（主人位除外）； 巾花观赏面向客人（主人位除外）； 巾花种类丰富、款式新颖； 巾花挺拔、造型美观、花型逼真； 操作手法卫生，不用口咬、下巴按、筷子穿	1 1 1 5 5 1		
	折叠手法正确、一次性成形。如折的是杯花，巾花折好后放于水杯中一起摆上桌	5		
	手不触及杯口及杯的上部	1		
菜单、花瓶和桌号牌 （3分）	花瓶摆在台面正中	1		
	菜单摆放在正副主人的筷子架右侧，位置一致，菜单右尾端距离桌边1.5厘米	1		
	桌号牌摆放在花瓶正前方、面对副主人位	1		
拉椅让座 （5分）	拉椅：从主宾位开始，座位中心与餐碟中心对齐，餐椅之间距离均等，餐椅座面边缘距台布下垂部分1厘米	3		
	让座：手势正确，体现礼貌	2		
托盘 （5分）	用左手胸前托法将托盘托起，托盘位置高于选手腰部，姿势正确	2		
	托送自如、灵活	3		
综合印象 （10分）	台面摆台整体美观、便于使用、具有艺术美感	5		
	操作过程中动作规范、娴熟、敏捷、声轻，姿态优美，能体现岗位气质	5		
合　计		70		
操作时间：　分　秒　　　超时：　秒　　　扣分：　分				
物品落地、物品碰倒、物品遗漏　件　　　扣分：　分				
实际得分				

2）仪容仪表评分标准

仪容仪表评分标准见表2.7.8。

表 2.7.8　仪容仪表评分标准

项　目	细节要求	分值	扣分	得分
头发 (1.5分)	男士			
	1. 后不盖领	0.5		
	2. 侧不盖耳	0.5		
	3. 干净、整齐,着色自然,发型美观大方	0.5		
	女士			
	1. 后不过肩	0.5		
	2. 前不盖眼	0.5		
	3. 干净、整齐,着色自然,发型美观大方	0.5		
面部 (0.5分)	男士:不留胡须及长鬓角	0.5		
	女士:淡妆	0.5		
手及指甲 (1分)	1. 干净	0.5		
	2. 指甲修剪整齐,不涂有色指甲油	0.5		
服装 (1.5分)	1. 符合岗位要求,整齐干净	0.5		
	2. 无破损、无丢扣	0.5		
	3. 熨烫挺括	0.5		
鞋 (1.0分)	1. 符合岗位要求的黑颜色皮鞋	0.5		
	2. 干净,擦试光亮,无破损	0.5		
袜子 (1.0分)	1. 男深色、女浅色	0.5		
	2. 干净、无褶皱、无破损	0.5		
首饰及徽章 (0.5分)	选手号牌佩戴规范,不佩戴过于醒目的饰物	0.5		
总体印象 (3.0分)	1. 走姿自然,大方,优雅	0.5		
	2. 站姿自然,大方,优雅	0.5		
	3. 手势自然,大方,优雅	0.5		
	4. 蹲姿自然,大方,优雅	0.5		
	5. 礼貌:注重礼节礼貌,面带微笑	1.0		
合　计		10		

📖 小词典

①烟灰缸摆放在主人和副主人的右前方45°角处,译陪位置之间的正前方,烟孔要朝向两边的客人。

②毛巾碟放在餐碟的左边,与桌边相距1.5厘米,与餐碟之间的距离为1厘米。

③中餐宴会摆台的基本要求:餐具图案对正,距离均匀、整齐、美观、清洁大方,为宾客提供一个舒适的就餐位置和一套必需的就餐餐具。

④摆台注意事项：

a. 所有餐具从主人位开始顺时针摆放。

b. 操作时餐具要注意轻拿轻放，托盘时要展盘。

c. 相对应的两套餐具的骨碟，红酒杯的中心点与转玻的中心点五点成一条直线。

⑤创意摆台：是指通过餐台布置中所使用的餐饮用具、餐巾花、装饰物等，进行协调搭配，充分烘托宴会主题而进行的摆台。台面的装饰设计突出创新，具有文化性、艺术性、观赏性。

创意台面欣赏，如图2.7.9所示。

（a）

（b）

（c）

（d）

（e）

（f）

图2.7.9　创意台面

学习情境8

摆台后的自查工作

情境目标

1. 能及时检查调整台面,使台面具有观赏性、艺术性。
2. 能及时检查周边及休息区物品摆放及清洁卫生。
3. 能清洁整理备餐间,归还借用的服务用品,补充必备的物品,清洗擦拭餐用具。
4. 能主动获取有效信息,与他人有效沟通、良好合作。
5. 能按要求正确、规范地完成本次工作页的填写。

情境描述

×××中餐厅摆台后进行自查工作。

建议学时

2 学时

学习流程

一、收集信息

1. 收集中餐摆台的标准
2. 到酒店考察中餐厅备餐间物品摆放的情况

老师给你的小帮助

①餐具入柜摆放一般餐碟 10 个一叠,小汤碗 5 个一叠;玻璃器皿与瓷器分开摆放,酒杯应倒挂在酒具柜里。物品摆放应横竖成行。

②备餐间物品摆放如图 2.8.1 至图 2.8.5 所示。

图 2.8.1　备餐间

项目二　中餐摆台

图2.8.2 备餐间

图2.8.3 备餐间餐具柜

图2.8.4 备餐间杂物柜

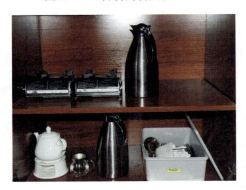

图2.8.5 备餐间用具柜

二、拟订学习计划

1.填写小组成员分工表（见表2.8.1）

表2.8.1 小组成员分工表

小组成员名单	特 点	分 工	备 注

2.填写学习（工作）进度安排表（见表2.8.2）

表2.8.2 学习（工作）进度安排表

序 号	开始时间	结束时间	完成内容	工作要求	备 注

序　号	开始时间	结束时间	完成内容	工作要求	备　注

三、实施学习计划

💡**操作小提示**

①物品摆放要规范整齐。

②自查工作要认真仔细,发现问题要及时纠正。

1.检查餐台

任务:

(1)检查台面餐饮用具是否按标准摆放,是否做到齐、净

(2)检查摆台物品有无破损

2.检查餐桌周边及休息区

任务:

(1)检查沙发及座椅是否摆放整齐

(2)检查房间是否清洁卫生

3.检查备餐间物品摆放及清洁卫生

任务:

(1)检查归位餐具柜物品

(2)检查归位用具柜物品

(3)检查归位布草柜物品

(4)检查归位杂物柜物品

(5)备餐间卫生检查

四、展示与评价

1.比－比、赛－赛

分组自查台面,清洁整理备餐间,每组推荐1名组员展示,解说摆台后自查工作的内容及程序。

2.学习活动评价

学习活动评价表见表2.8.3。

表 2.8.3 学习活动评价表

学生姓名_____   教师_____   班级_____   学号_____

项目	自评			组评			师评		
	优秀	合格	不合格	优秀	合格	不合格	优秀	合格	不合格
检查台面									
检查餐桌周边及休息区									
备餐间整理与清洁									
信息收集情况									
利用信息能力									
安全操作意识									
任务明确程度									
学习主动性									
工作页的填写									
协作精神									
出勤情况									
总评									

📖 小词典

备餐间

备餐间即存放开餐所需用具、临时中转菜品、菜品跟料和为客人分派菜品的工作间，其大小根据餐厅的规模而定。一般分为宴会备餐间和零点备餐间。它是餐厅厨房产品与餐厅前台服务中联系较广泛和接触最为密切的一种必须的工作间。

项目三
餐前准备

项目导语

　　餐前准备是中餐服务技能的重要项目,由召开班前会和餐饮用具及其他物资的准备、设施设备的检查、卫生检查两个学习情境组成。通过此项目的学习,学生能组织服务员参加班前会、会合理安排部门工作、会正确抄写并宣读沽清单、能根据宾客需求做好餐饮器具准备及周边清洁工作、会检查设施设备并掌握报修程序。

项目目标

　　1. 能按餐饮服务员仪容仪表要求规范自身。

　　2. 能进行餐饮服务员仪容仪表检查督导。

　　3. 能参加并组织人员召开班前会。

　　4. 能抄写并宣读沽清单。

　　5. 能合理配备服务区域的餐饮用具。

　　6. 能正确填写餐具交接本。

　　7. 能正确检查餐饮服务区域设备设施并按程序报修。

　　8. 能按要求完成餐饮服务区域清洁卫生工作。

　　9. 能按标准合理布置宾客就餐环境。

　　10. 能主动获取有效信息,展示学习工作成果,对学习与工作进行反思总结,能与他人进行有效沟通,开展良好合作。

建议学时

　　6 学时(见表 3.1.1)

表 3.1.1　餐前准备学时安排及知识点、技能点表

学习情境	知识点、技能点	学时建议	备　注
1. 召开班前会	(1)餐饮服务员仪容仪表要求 附:《饭店员工行为准则》 (2)召开班前会的目的意义 (3)班前会的内容及程序 (4)沽清单(附样单)	2	

续表

学习情境	知识点、技能点	学时建议	备 注
2. 餐饮用具及其他物资的准备、设施设备的检查、卫生检查	(1)服务区域餐饮用具及服务用品配备要求 (2)填写《餐具交接本》的内容及要求 (3)服务区域设施设备状况检查的内容及标准,设施设备报修流程 (4)值台区域卫生状况检查内容及标准 (5)就餐环境检查内容及标准	4	

学习情境 1

召开班前会

情境目标

1. 能按餐饮服务员仪容仪表要求规范自身。

2. 能进行餐饮服务员仪容仪表检查督导。

3. 能参加并组织人员召开班前会。

4. 能抄写并宣读沽清单。

5. 能主动获取有效信息,与他人有效沟通、良好合作。

6. 能按要求正确、规范地完成本次学习工作页的填写。

情境描述

下午16:30分,金科大酒店餐饮部五楼中餐厅班前会。

参会人员:管理人员4名、中餐厅服务员20名(含整队员1名、会议记录员1名)。

建议学时

2学时

学习流程

一、收集信息

1. 餐饮服务员仪容仪表要求有哪些?

2. 列出你知道的中餐厅常用餐饮用具。

老师给你的小帮助

1. 召开班前会的内容及程序

①整队。

②检查仪容仪表和整理着装。

③点到。

④昨日工作总结。

⑤今日工作安排。

⑥酒店政策及会议精神的传达。

⑦每日一学。

⑧宣读沽清单。

⑨感恩一分钟。

⑩高喊口号并击掌、解散。如图 3.1.1 所示。

图 3.1.1　召开班前会

2. 沽清单模板(见表 3.1.2)

表 3.1.2　餐饮部中餐厅沽清单

餐饮部中餐厅沽清单								
日期:　　年　　月　　日　星期				制表人:		中厨房负责人:		
今日粤菜		今日川菜		今日珍品		今日点心		
沽清	急推	沽清	急推	沽清	急推	沽清	急推	
今日刺身		今日凉菜		今日海鲜		今日蔬菜		
沽清	急推	沽清	急推					
今日烧味		今日汤羹炖品		限量菜品、特别推荐菜品				
沽清	急推	沽清	急推					

127

二、拟订学习计划

1.填写小组成员分工表(见表3.1.3)

表 3.1.3　小组成员分工表

小组成员名单	特　点	分　工	任　务

2.填写学习(工作)进度安排表(见表3.1.4)

表 3.1.4　学习(工作)进度安排表

序　号	开始时间	结束时间	任务内容	工作要求	备　注

三、实施学习计划

操作小提示

①班前会组织者应至少提前半小时到岗,了解当日人员排班情况、总结昨日工作、了解酒店会议精神、了解当日预订,并根据当日预订提前安排好工作。

②沽清单需由值班人员提前抄好。

③准备好考勤表、会议记录本。

④提前准备好需传达的内容。

1.学习餐饮服务员仪容仪表要求

分小组进行班前会仪容仪表检查,由组长(主管)组织小组成员学习餐饮服务人员仪表仪容要求,然后轮流检查。将检查结果填入表3.1.4。

餐饮服务员仪容仪表要求如下:

(1)仪容要求

餐饮服务员仪容要求如图3.1.2所示。

图 3.1.2　餐饮服务员仪容

①员工在岗时应精神饱满,表情自然,面带微笑。

②说话时应语气平和,语调亲切,不可过分夸张。

③眼睛应有神,体现出热情、礼貌、友善、诚恳。

④遇事从容大方、不卑不亢。

⑤与客人交谈时,目光应自然平视,不应上下打量客人。

(2)仪表要求

1)服饰

男、女员工服饰要求,如图 3.1.3、图 3.1.4 所示。

图 3.1.3　男员工服饰

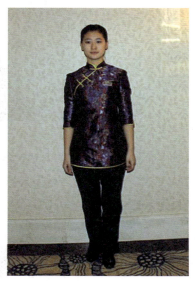

图 3.1.4　女员工服饰

①中餐厅全体员工按饭店规定统一着制服,并穿戴整齐。

②制服应得体挺括,不应有皱折、破损、污渍,领子、袖口、裤脚要保持清洁,不应挽袖子或裤腿。

③男士着单排扣西服时,两颗扣子扣上面的第一颗,三颗扣子扣上面的两颗,女士着西装时,应全扣上。

④工号牌要佩戴在上衣的左胸上方,工号牌保持水平,不得歪斜。

⑤制服扣子应齐全、无松动。

⑥不应在服装上佩戴与规定不符的饰品,如胸花、钥匙链、小装饰物等。

⑦除制服配套用腰带外,一律系黑色腰带。

⑧男员工着深色裤子、女员工着肉色丝袜,袜子不应有破洞或抽丝且每天换洗。

⑨男女员工均着黑色皮鞋,鞋子应保持干净、不变形、无破损,不得有污点、灰尘;皮鞋每天要擦拭,保持光泽度,鞋带要系好,不可拖拉于地面。

⑩非工作需要不得将制服穿出饭店区域外。

2)发式

男、女员工应保持头发的清洁、整齐,不得有头垢、头屑,发干应光滑柔软,要有光泽。色泽统一,发干和发尾没有出现两截颜色,不得将头发染成自然色(黑色)以外的颜色。要稳重大方,忌个性张扬。部门内员工的发型要相对统一。

①男员工发式标准。分缝要齐,不得留大鬓角、前发不盖额、侧发不盖耳、后发不盖领,如图3.1.5所示。

图3.1.5　男员工发式

②女员工发式标准。长发应盘起,发髻不宜过高或过低,以不过衣领为标准;短发不能过领,须发应用发胶类化妆品定型;额前头发不可挡住视线,不得留有额前的须发(刘海);头上不得佩戴规定以外的装饰品。

女员工发式标准,如图3.1.6所示。

图3.1.6　女员工发式

3)修饰

在工作岗位上的员工应注意修饰,正确得当的修饰能给人以愉悦,得到顾客的认同,提升饭店的层次与形象,提高员工的气质与修养。修饰可分为:

①面部修饰

a.员工应保持面容的整洁,上岗前应做好面容检查。

b.男员工应养成每天刮胡子的习惯,不得留有胡须。

c.鼻毛、耳毛要经常修剪不得外露。

d.要保持口腔和牙齿的清洁与卫生,不应吃容易造成异味的食物(比如:大蒜、大葱、姜、洋葱、臭豆腐等食品)。

②手部修饰

a.经常保持手部干净卫生,常洗手,特别是指甲缝一定要清理干净,不得有残留物。

b.男女员工均不得留长指甲,指甲应经常修剪,经常修剪指甲,指甲长度以不超过1毫米为标准,不得在岗上或客人面前修剪指甲。

c.女员工如用指甲油,应选用与肤色统一或透明的指甲油。不应使用其他颜色,或在指甲上描纹图案。

③首饰

a.男女员工均不佩戴耳环、鼻环、手镯、手链、脚链、别针等饰物。

b.女员工可戴简洁一点的耳针一对(直径不应超过2毫米)。

c.已婚男女员工可佩戴一枚结婚戒指(戒面不应超过5毫米,饰物高不应超过5毫米)。

d.佩戴项链或在脖子上挂饰品不得外露。

e.佩戴手表要以正装为主,不得戴过分张扬的手表。

④化妆

a.女员工应统一化淡妆,不得浓妆艳抹,选择眉笔、眼影、唇膏的颜色应协调自然,粉底不宜过厚,颜色不宜过深或过浅。

b.不得在皮肤外露处纹身。

c.使用香水味道不宜刺鼻,要清新淡雅。

d.要避人化妆,不得在客人面前或对客服务区域内照镜子、描眉、画唇、施粉等。

⑤个人卫生

a.每次上岗前都必须自查仪表仪容、个人卫生,以树立大方得体、干净利落、温文尔雅的高星级饭店服务人员良好的外部形象。

b.应经常保持个人的清洁卫生,要勤洗澡、勤换衣。

⑥注意事项

a.不应在岗或在客人面前打领带、提裤子、整理内衣。

b.不可做检查裤裙拉链是否拉好,拉直下滑的袜子等不雅的动作。

c. 不应在岗或在客人面前抠鼻子、剪鼻毛、剔牙齿。

d. 在岗时不可打哈欠、打喷嚏、咳嗽，控制不住时应回避客人。

（3）仪态

仪态是人在行为中的姿势和风度，对饭店员工来说和仪容仪表一样重要。

1）站姿

①站姿应自然挺拔，不可僵硬呆板，头部端正，两眼平视前方。

②身体直立，应把重心放在两脚中间，男员工双脚自然分开位置基本与肩同宽，女员工则双脚跟自然并拢，脚尖张开呈60度。

③要挺胸收腹，两肩放平，不可前撅后翘、含胸驼背。

④双臂自然下垂，女服务员两手交叉放在脐下，右手放在左手上，以保持随时可以提供服务的姿态，男服务员右手握左手背，贴于小腹。

⑤两腿应绷直，不要东倒西歪或左右摇晃，如因长时间站立感觉疲劳时，可左右调整身体重心，但上身应保持直立。

⑥站立时双手不可抱在胸前、叉腰，不可袖手或双手插在口袋中。

⑦站立与客人交谈时，目光应停留在客人眼睛和双肩之间的三角区域，与客人相距60～100厘米的距离，不可太近或太远。

男、女员工站姿，如图3.1.7、图3.1.8所示。

图3.1.7　男员工站姿

图3.1.8　女员工站姿

2）快速整队并准确点到

①整队要求

a. 立正要领

两脚跟靠拢并齐，两脚尖向外分开约60度；两腿挺直；小腹微收，自然挺胸；上体正直，微向前倾；两肩要平，稍向后张；两臂下垂，自然伸直，手指并拢自然微曲；拇指尖贴于食指第二节，中指贴于裤缝；头要正，颈要直，口要闭，下颌微收，两眼平视前方,如图 3.1.9 所示。

图 3.1.9　立正要领

b. 向右(左)看齐要领

基准服务员不动,其他服务员向右转头,眼睛看右邻服务员腮部,前四名能通视基准服务员,自第五名起,以能通视到本人以右第三名为度,后列人员先向前对正,后向右看齐,如图 3.1.10 所示。

图 3.1.10　向前看要领

c. 向前看要领

头朝正前方、后排看前排后脑。

d. 稍息

左脚顺脚尖方向伸出约全脚的三分之二,两脚自然伸直,上体保持立正姿势,身体重心大部分落于右脚,手势呈服务姿势,如图 3.1.11 所示。

图 3.1.11　稍息

2. 对照餐饮服务人员仪容仪表要求,规范自身仪容仪表,分小组训练、检查,填写仪容仪表检查记录表(见表 3.1.5)

表 3.1.5　仪容仪表检查记录表

检查项目	检查内容	标　准	检查情况		你需要的帮助
			合格	不合格	
仪容	头发	梳理整齐,无头皮屑,无异味			
		男员工发型:大方,不留长发、鬓角(长度要求:前不及眉、后不及领、侧不遮耳)			
		女员工发型:头发于脑后束起,不留披肩发、马尾;染色不夸张			
	面容	男员工:脸、颈及耳朵干净,不留胡须			
		女员工:脸、颈及耳朵绝对干净,要求化淡妆(淡雅为主,不宜过于艳丽)			
	手	不能留长指甲,指甲要整齐卫生			
		男员工:指甲要修剪整齐,白边长度不超过指端			
		女员工:指甲修剪整齐,白边长度不超过指端。不能涂有色指甲油			
	身　体	香水清淡、勤洗澡、无体味			
仪表	工作服	按公司要求穿着工作服,领子、袖口保持干净、平整,禁卷袖口、裤角;衬衣扎于裤内或裙内			
	饰　物	工作牌:铭牌佩戴正确、规范;除手表外,不宜配戴过于夸张、尖锐等饰物			
		男员工:领带无污染,扎法得当、精神			
		女员工:注意各部细节:丝巾是否统一要求系带,首饰、内衣不得外露。			
	鞋　袜	男员工:袜子拉挺,无破损,鞋要擦亮,鞋跟要完好,鞋袜清洁无异味、穿深色袜			
		女员工:袜子无破损,鞋要擦亮,鞋跟完好,鞋袜清洁无异味			
整体		自然大方得体,精神饱满,符合酒店在岗要求			

3. 角色扮演——组织班前会

角色:主管一人、领班一人、服务员若干,按召开班前会的程序轮换角色组织召开班前会。组长组织填写班前会能力评分表,见表3.1.6。

表 3.1.6　召开班前会能力评分表

| 项　目 | 评价点 | 达标情况 | | | 原　因 |
		优秀（能手）	合格	不合格	
仪容仪表检查	仔细、严格、认真,能及时发现问题并督促其改正				
班前会的内容及程序	普通话流利、语言表达能力强、所讲内容实在、具体,符合班前会要求,召开班前会的程序正确无缺项				
抄写及宣读沽清单	能按沽清单项目正确抄写沽清单,宣读沽清单时声音宏亮、语速适中、突出重点				

四、展示与评价

1. 比一比、赛一赛

谁的仪容仪表最规范,每组选派一名组员展示。

2. 分组进行自评、小组间互评,填写学习活动评价表（见表3.1.7）

表 3.1.7　学习活动评价表

学生姓名＿＿＿＿＿　　教师＿＿＿＿＿　　班级＿＿＿＿＿　　学号＿＿＿＿＿

| 项　目 | 自评 | | | 组评 | | | 师评 | | |
	优秀	合格	不合格	优秀	合格	不合格	优秀	合格	不合格
仪容仪表									
组织班前会的内容及程序									
填写宣读沽清单									
信息收集情况									
利用信息能力									
安全操作意识									
任务明确程度									
学习主动性									
工作页的填写									

续表

项 目	自 评			组 评			师 评		
	优秀	合格	不合格	优秀	合格	不合格	优秀	合格	不合格
协作精神									
出勤情况									
总评									

学习拓展

召开班前会是酒店及餐厅管理工作中必不可少的一项内容,是一个十分重要的环节。它关系着酒店及餐厅管理工作的方方面面,因此,坚持开好班前会可以使日常的管理工作更加细致和全面,提高管理水平和管理质量,是做好各部门工作的基本保证,根据班前会内容做一张召开班前会流程图。

📖 小词典

1. 班前会

班前会,顾名思义,它是班组(科室、部门)每天工作前开的会,要对每天的工作作具体的安排,工作中要注意的安全事项,它所开展的内容是丰富多彩的,除了由领班(主管、部长)作工作安排外,还可以让服务员在会上就本职工作各抒己见,谈自己对本职工作的看法,把工作中有关难题说出来,让组员讨论、分析,找出解决的办法,以此来调动组员的积极性,做到人人参与。

2. 沽清单

沽清单是当日菜品供应的清单,是前厅和后厨沟通的一个桥梁。内容包括当日的短缺菜、特别推荐菜、急推菜,它便于服务员了解当日菜品的余缺情况,避免服务员在服务时出现差错。

3. 打招呼小知识

(1)打招呼

①远处看到宾客时,给宾客微笑点头,注视宾客。②迎面看到宾客时,放慢脚步,站立一边,对宾客微笑点头,向宾客打招呼。③工作中看到宾客,暂停手中工作,将手中的工具挪到隐蔽之处,对宾客微笑点头,注视宾客向宾客打招呼。

(2)打招呼时使用的礼貌语

您好、欢迎光临、请、对不起、谢谢、再见。

(3)接受别人的帮助或称赞

接受别人的帮助或称赞时,应及时致谢,因自身原因给对方造成不便,应及时致歉。

(4)禁止用"喂"招呼客人

即使客人距离较远。

4.办公区域要求

①桌椅摆放整齐,擦试干净。

②办公桌、台柜文件、资料用具摆放整齐。

③电脑、打印机、桌子、椅子、台柜、仪器无积尘。

④离开位置或下班时,桌椅归位,桌面整齐干净,无打开的文件资料。

⑤办公桌面不得出现2个以上私人物品。

⑥办公室内不得出现外露零食等。

学习情境 2

餐饮用具及其他物资的准备、设施设备检查、卫生检查

情境目标

1.能按餐厅规定数量及要求准备餐饮服务所需用具及物资。

2.能进行服务区域设备设施检查及报修。

3.能按餐厅清洁卫生标准按时完成清洁卫生工作。

4.能按餐厅整齐度要求合理布置服务区域。

5.能主动获取有效信息,与他人有效的沟通、良好合作。

6.能按要求正确规范地完成本次学习工作页的填写。

情境描述

上午10:00,金科大酒店中餐厅金牛包房开餐工作

服务员1名,限时半小时内完成餐饮用具及其他物资的准备、设施设备的检查、卫生检查工作。

建议学时

4学时

学习流程

一、收集信息

中餐厅包房内的设施设备有哪些?

老师给你的小帮助

1.10人位包房餐饮用餐及物资配备(见表3.2.1)

表3.2.1　10人位包房餐饮用餐及物资配备表

分类	编号	物资名称	单位	单价	底数	上月盘点	备　注
家私电器	A-1	电视机	台		1	1	
	A-2	备餐间电脑	台		1	1	
	A-3	双层毛巾柜	台		1	1	
	A-4	电话	部		1	1	
	A-5	托盘架	个		1	1	
	A-6	三层服务车	台		1	1	
	A-7	小沙发	张		2	2	
	A-8	大沙发	张		1	1	
	A-9	靠垫	个		5	5	
	A-10	大茶几	张		1	1	
	A-11	小茶几	张		2	2	
	A-12	植物	盆		2	2	
	A-13	书报架	个		1	1	
	A-14	台灯	盏		2	2	
陶瓷	B-1	展示盘	个		15	15	
	B-2	8寸浅式盘	个		60	60	
	B-3	腰形毛巾碟	个		16	16	
	B-4	5寸翅碗	个		25	25	
	B-5	汤碗底碟	个		25	25	
	B-6	螺旋纹饭碗	个		25	25	
	B-7	单头筷架	个		16	16	
	B-8	二号吊烧更	个		36	36	
	B-9	英式茶杯	个		16	16	
	B-10	英式茶杯碟	个		16	16	
	B-11	3.5寸烟缸	个		15	15	
	B-12	5寸烟缸底碟	个		8	8	
	B-13	茶壶	个		1	1	
	B-14	暖茶座	个		1	1	

分类	编号	物资名称	单位	单价	底数	上月盘点	备　注
金器	C-1	蛋形菜托(大)	个		2	2	
	C-2	圆形菜托(大)	个		2	2	
	C-3	金大公壳	个		1	1	
	C-4	金公壳座	个		1	1	
	C-5	金小公壳	个		1	1	
	C-6	金毛巾篮带夹	套		1	1	
	C-7	金长更	个		2	2	
	C-8	金长叉	个		2	2	
	C-9	金白酒壶	个		1	1	
	C-10	银头席面筷	双		20	20	
不锈钢	D-1	杂物夹	把		1	1	
	D-2	茶漏	个		1	1	
	D-3	席面更	把		16	16	
	D-4	分更	把		2	2	
	D-5	分叉	把		2	2	
	D-6	服务刀、叉	套		1	1	
	D-7	长柄漏勺	把		1	1	
		短柄漏勺	把		1	1	
	D-8	长柄汤勺	把		1	1	
	D-9	啤酒开瓶器	把		1	1	
	D-10	全钢红酒开瓶器	把		1	1	
	D-11	保温瓶	个		2	2	
	D-12	水果叉	把		16	16	
	D-13	木柄鲍鱼刀	把		16	16	
	D-14	木柄鲍鱼叉	把		16	16	
玻璃器皿	E-1	水晶烟缸(大)	个		1	1	
	E-2	白酒杯	个		16	16	
	E-3	150 mL 分酒器	个		16	16	
	E-4	醒酒器	个		1	1	
	E-5	醒酒器座	个		1	1	
	E-6	冰粒桶连夹	套		1	1	
	E-7	饮料杯	个		16	16	
	E-8	红酒杯	个		16	16	
	E-9	玻璃茶海	个		1	1	

续表

分类	编号	物资名称	单位	单价	底数	上月盘点	备注
杂件	G-1	下市篮	个		1	1	
	G-2	皮质收银夹	个		1	1	
	G-3	皮质遥控器套	个		1	1	
	G-4	皮质抽纸盒	个		1	1	
	G-5	皮质便签夹	本		1	1	
	G-6	小干花	盆		1	1	
	G-7	衣架(男士)	个		10	10	
	G-8	披肩	条		2	2	
	G-9	保鲜盒大中小	套		1	1	
	G-10	藤制毛巾篮	个		2	2	
	G-11	双层垃圾桶	个		1	1	
	G-12	迷你卡斯炉	个		2	2	
	G-13	圆形托盘	个		2	2	
	G-14	托盘架	个		1	1	
	G-15	矿泉水	瓶		2	2	
	G-16	红酒	瓶		1	1	
	G-17	洗手液瓶	瓶		1	1	

2. 包房物资准备

包房物资准备如图 3.2.1、图 3.2.2、图 3.2.3 所示。

图 3.2.1　餐具准备

图 3.2.2　服务用具准备

图 3.2.3　酒具准备

二、拟订学习(工作)计划

1. 填写小组成员分工表(见表 3.2.2)

表 3.2.2　小组成员分工表

小组成员名单	特　点	分　工	任　务

小组成员名单	特　点	分　工	任　务

2.填写学习(工作)进度安排表(见表3.2.3)

表3.2.3　学习(工作)进度安排表

序　号	开始时间	结束时间	任务内容	工作要求	备　注

三、实施学习计划

💡**操作小提示**

①准备物资时应将餐具盒打开、吊烧匙拿出放在餐具盒旁边、将小件盒拿出并接水备用。

②检查设备设施时如有故障应及时报修。

③检查清洁卫生时应着重检查餐用具的卫生。

1.餐饮用具及其他物资的准备

写出10位餐桌需准备的餐饮用具及物资单。

2.设施设备的检查

(1)每人填写一张设备设施检查表(见表3.2.4)

表3.2.4　设备设施检查表

序　号	项　目	标　准	检查结果	负责人	检查人	备　注
1						
2						
3						
4						
5						
6						

（2）每人填写一张工程报修单（见表3.2.5）

表3.2.5　工程报修单

工程维修单

报修部门：　　　　　　　　　报修人：　　　　　报修日期：

序　号	维修地点	维修内容	维修材料	维修人员	完成情况

3. 服务区域卫生检查

每人填写一张服务区域卫生检查表，见表3.2.6。

表3.2.6　服务区域卫生检查表

序　号	项　目	标　准	检查结果	负责人	检查人	备　注
1						
2						
3						
4						
5						
6						

四、展示与评价

1. 每人展示所填写的10位餐桌需准备的餐饮用具及物资清单、设备设施检查表、工程报修单及服务区域卫生检查表，并推荐两名同学讲解上述几种表填写时的注意事项。

2. 分组进行自评、小组间互评，填写学习活动评价表，见表3.2.7。

表3.2.7　学习活动评价表

学生姓名_____　教师_____　班级_____　学号_____

项　目	自　评			组　评			师　评		
	优秀	合格	不合格	优秀	合格	不合格	优秀	合格	不合格
餐饮用具及物资的准备									
设施设备的检查									
服务区域卫生检查									
信息收集情况									

项 目	自 评			组 评			师 评		
	优秀	合格	不合格	优秀	合格	不合格	优秀	合格	不合格
利用信息能力									
安全操作意识									
任务明确程度									
学习主动性									
工作页的填写									
协作精神									
出勤情况									
总评									

学习拓展

自己设计一张餐前卫生、设备设施、整齐度检查评分表。

小词典

餐厅设备设施

餐厅设备设施是指餐厅内供客人用餐时使用的家具、电器、及加工菜肴的专用工具等。

143

用餐前服务

项目导语

　　用餐前服务是中餐服务的核心项目,涵盖了站位迎客、衣帽服务、拉椅让座、落巾服务、小毛巾服务、茶水服务、点菜、点酒水等七个学习情境。

项目目标

　　1.能按餐厅服务员正确站姿要求站位迎客。

　　2.能正确使用餐厅礼貌用语。

　　3.能正确使用引领客人礼仪。

　　4.能正确为客人提供衣帽服务。

　　5.能规范地为客人提供拉椅让座服务。

　　6.能规范地为客人提供落巾服务。

　　7.能准确及时地为客人提供点菜、点酒水服务。

　　8.能主动获取有效信息,展示学习工作成果,对学习与工作进行反思总结,能与他人进行有效沟通,开展良好合作。

建议学时

60 学时(见表 4.1.1)

表 4.1.1　用餐前服务学时安排及知识点、技能点表

学习情境	知识点、技能点	学时建议	备　注
1.站位迎客	(1)迎宾站姿要求 (2)迎宾常用礼貌用语 (3)引领客人礼仪	2	
2.衣帽服务	(1)衣帽服务要求 (2)衣帽服务注意事项	2	
3.拉椅让座	(1)拉椅让座的动作要领 (2)拉椅让座的顺序	2	
4.落巾服务	(1)落巾服务的动作要领 (2)落巾服务的注意事项	2	

学习情境	知识点、技能点	学时建议	备　注
5. 小毛巾服务	(1)小毛巾服务的要求 (2)小毛巾服务的注意事项	2	
6. 茶水服务	(1)餐厅茶水服务程序 (2)茶水服务注意事项	2	
7. 点菜、点酒水服务	(1)菜单、酒单介绍(附样单) (2)点菜的操作方式 (3)点菜服务程序 (4)点酒服务程序 (5)点菜、点酒案例分析	10	

学习情境 1

站位迎客

情境目标

1. 能使用正确优雅的站姿迎接宾客。

2. 能恰当使用餐厅礼貌用语。

3. 能规范地引领客人。

4. 能主动获取有效信息,与他人有效沟通、良好合作。

5. 能按要求正确、规范地完成本次学习工作页的填写。

情境描述

×××大酒店中餐厅餐前,服务员站位迎客。

建议学时

2 学时

学习流程

一、收集信息

写出你知道的迎接客人的工作步骤。

老师给你的小帮助

1.迎接客人的工作步骤

（1）检查仪容仪表

（2）提前到岗

（3）开启灯光及背景音乐

（4）布置迎宾台

（5）核对预订

（6）亲切迎接与引领客人

（7）及时反馈信息

（8）结束工作

2.迎宾正确站姿要求

①站姿应自然挺拔，不可僵硬呆板，头部端正，两眼平视前方。

②直立，应把重心放在两脚中间，男员工双脚自然分开，位置基本与肩同宽，女员工则双脚跟自然并拢，脚尖张开呈60°。

③要挺胸收腹，两肩放平，不可前撅后翘、含胸驼背。

④双臂自然下垂，女服务员两手交叉放在脐下，右手放在左手上，以保持随时可以提供服务的姿态，男服务员左手握右手背，贴在腰部以下。

⑤两腿应绷直，不要东倒西歪或左右摇晃，如因长时间站立感觉疲劳时，可左右调整身体重心，但上身应保持直立。

⑥站立时双手不可抱在胸前、叉腰，不可袖手或双手插在口袋中。

⑦站立与客人交谈时，目光应停留在客人眼睛和双肩之间的三角区域，与客人相距60～100厘米的距离，不可太近或太远。

3.迎宾员常用礼貌用语

早上好，欢迎光临！

新年快乐，欢迎光临！

您好，请问有预订吗？

您好，这里是中餐厅，请问你们一共有多少位？

您好，这边请！

您好，里面请！

二、拟订学习计划

1.填写小组成员分工表（见表4.1.2）

表4.1.2　小组成员分工表

小组成员名单	特　点	分　工	任　务

小组成员名单	特　点	分　工	任　务

2.填写学习进度安排表(见表 4.1.3)

表 4.1.3　填写学习进度安排表

序　号	开始时间	结束时间	任务内容	工作要求	备　注

三、实施学习计划

🔆操作小提示

①迎宾员站位前应检查自己的仪容仪表是否规范。

②迎宾员应熟悉餐厅灯光开启时间及背景音乐开启音量。

③迎宾员站位前应熟知预订情况。

④迎宾员应熟知本餐厅各用餐区域方位、容量、特点。

1.迎宾站姿训练

迎宾正确站姿如图 4.1.1 所示。

图 4.1.1　迎宾正确站姿

建议:分组相对而立练习站姿 30 分钟。

2. 迎宾常用礼貌用语

模拟迎接客人,练习迎宾服务用语。

3. 引领客人礼仪

分组模拟练习引领客人。

🌱**小帮助**

引领客人时走在客人右前方约1米处,根据客人行走速度确定引领步速;引领途中用余光注视客人,如遇转角处应回头示意,用表示"请"的手势示意客人,并使用敬语"这边请";带领客人至包房时,应先敲门,推开门打开房间电源开关,站立于房门一侧,请客人先进入包房,如图4.1.2所示。

图4.1.2　引领客人

四、展示与评价

1. 每组推荐2名组员展示迎宾站姿、礼貌用语及引领礼仪

站位迎宾评价见表4.1.4。

表4.1.4　站位迎宾评价表

_____小组　　　　　　　　　　　姓名_____

项　目	评价点	达标情况			原因
		优秀（能手）	合格	不合格	
站姿	自然挺拔,头部端正,两眼平视前方;挺胸收腹,两肩放平;手位、脚位正确				
迎宾礼貌用语	用语贴切、恰当,态度热情诚恳,体现对客人的尊重				
引领客人礼仪	走姿标准,步速适当,运用手势及敬语规范				

2.分组进行自评、小组间互评,填写学习活动评价表(见表4.1.5)

表4.1.5 学习活动评价表

学生姓名_____ 教师_____ 班级_____ 学号_____

项 目	自 评			组 评			师 评		
	优秀	合格	不合格	优秀	合格	不合格	优秀	合格	不合格
迎宾站姿									
迎宾礼貌用语									
引领客人礼仪									
信息收集情况									
利用信息能力									
安全操作意识									
任务明确程度									
学习主动性									
工作页的填写									
协作精神									
出勤情况									
总评									

学习拓展

宾客对餐饮服务的需求是多种多样的。在对客服务过程中服务人员不仅要为客人提供精美的菜肴和整洁的就餐环境,还要在服务过程中与客人沟通感情。客人来到餐厅,除了需要品尝美味佳肴外,更需要餐厅员工把自己看作朋友和亲人。客人不仅喜欢听到员工殷勤的招呼,看到员工亲切的笑容,更希望得到真诚的友情和亲人一般的关怀,课后思考餐厅中有哪些对客服务技巧?

📖 小词典

1.餐厅站姿

它是指餐厅服务人员站立时的正确姿态,包括手、脚、头、面部表情等。

2.餐厅引领礼仪

它是指餐厅服务人员在带领客人至用餐地点过程中的礼节礼貌要求。

学习情境 2

衣帽服务

情境目标

1. 能正确提供衣帽服务。
2. 能熟知衣帽服务注意事项。
3. 能主动获取有效信息,与他人有效沟通、良好合作。
4. 能按要求正确、规范地完成本次学习工作页的填写。

情境描述

×××大酒店五楼中餐厅金牛包房,客人刚抵达,服务员为客人提供衣帽服务。

建议学时

2 学时

学习流程

一、收集信息

列出衣帽摆放的顺序。

老师给你的小帮助

衣帽摆放的正确顺序:

1. 直线衣架或衣橱

从左至右依次为主宾、副主宾、主陪、副主陪。

2. 弧形衣架

最上层左侧为主宾、最右侧为副主宾,其余不作要求。

二、拟订学习计划

1. 填写小组成员分工表(见表 4.2.1)

表 4.2.1　小组成员分工表

小组成员名单	特　点	分　工	任　务

小组成员名单	特　点	分　工	任　务

2. 填写学习进度安排表（见表 4.2.2）

表 4.2.2　学习进度安排表

序　号	开始时间	结束时间	任务内容	工作要求	备　注

三、实施学习计划

操作小提示

①帮助客人脱衣帽时应注意正确的站姿及手势。

②为客人挂衣服时应注意按正确的存放顺序存放。

③接过客人衣帽时应提醒客人是否需要从衣服中取出物品（如手机、香烟、火机等）。

④注意男服务员不可为女客人提供脱衣服务，只需站在一旁等顾客脱完，接过衣物挂起来即可。

1. 帮助客人脱衣帽

小帮助

帮助客人脱衣服的要领

①看到客人有脱衣服的举动时，应主动上前辅助客人脱衣，操作时应站在顾客身后（男服务员两脚分开与肩同宽，女服务员脚呈丁字步），自然站立。

②左手中指和食指勾衣领，右手随顾客习惯帮助客人脱衣，避免碰到顾客皮肤。

③接过客人的帽子，应放于衣柜上层，帽子要正面朝上平放。

帮助客人脱衣服的正确姿势，如图 4.2.1、图 4.2.2 所示。

图 4.2.1　帮助客人脱衣服　　　　　　　图 4.2.2　帮助客人脱衣服

分组模拟练习为客人脱衣服的正确姿势。

2. 按正确顺序摆放客人的衣物

挂衣物的正确顺序如图 4.2.3、图 4.2.4 所示。

图 4.2.3　帮助客人挂衣物　　　　　　　图 4.2.4　帮助客人挂衣物

分组练习按正确顺序为客人挂衣物

💡**操作小提示**

正确拿、挂客人衣物,切忌弄掉地。

四、展示与评价

1. 展示内容

每组展示衣柜内或衣架上按正确顺序为客人挂好的衣物,并推荐 2 名组员分别对接挂衣帽时的注意事项进行说明。

2. 分组进行自评、小组间互评,填写学习活动评价表(见表4.2.3)

表4.2.3　学习活动评价表

学生姓名_____　　　教师_____　　　班级_____　　　学号_____

项　目	自　评			组　评			师　评		
	优秀	合格	不合格	优秀	合格	不合格	优秀	合格	不合格
帮助客人脱衣服									
摆放客人的衣物									
信息收集情况									
利用信息能力									
安全操作意识									
任务明确程度									
学习主动性									
工作页的填写									
协作精神									
出勤情况									
总评									

学习拓展

接挂衣帽服务是中餐服务的细节服务之一,是体现餐厅服务员优质服务的一部分,课后请想一想接挂衣帽服务中的礼貌用语有哪些?

📖小词典

接挂衣帽

它是餐饮服务流程中的一个环节,是客人刚进入餐厅时由于室内外温差或方便用餐而将衣帽暂时脱下,服务员协助其脱衣并按正确要求接挂客人衣帽的过程。

学习情境 3

拉椅让座

情境目标

1. 能规范地为客人提供拉椅让座服务。

2.能主动获取有效信息,与他人有效沟通、良好合作。

3.能按要求正确、规范地完成本次学习工作页的填写。

情境描述

×××大酒店五楼中餐厅金壁包房,客人入坐时服务员为其提供拉椅让座服务。

建议学时

2 学时

学习流程

一、收集信息

写出拉椅让座的要求。

老师给你的小帮助

拉椅让座的动作要领:

①伸手示意,使用敬语请客人入座。

②双手扶住椅背两侧,平稳地将椅子拉出。

③待客人两膝略弯,即将坐下时,双手扶住椅背,右脚顶住椅腿,手脚配合,轻轻向前推进座椅,如图4.3.1、图4.3.2所示。

图 4.3.1 拉椅让座

图 4.3.2 拉椅让座

二、拟订学习计划

1.填写小组成员分工表(见表4.3.1)

表 4.3.1 小组成员分工表

小组成员名单	特 点	分 工	任 务

小组成员名单	特　点	分　工	任　务

2.填写学习进度安排表(见表4.3.2)

表4.3.2　学习进度安排表

序　号	开始时间	结束时间	任务内容	工作要求	备　注

三、实施学习计划

🌱**操作小提示**

①拉椅让座时应使用礼貌用语和手势。

②拉椅让座时应根据客人入座的速度及时迅速的将椅子归位。

③按正确的拉椅让座顺序为客人提供服务。

1.拉椅让座的动作要领

分组进行拉椅让座动作要领练习,组长将练习情况填入表4.3.3。

表4.3.3　拉椅让座练习情况记录表

项　目	要　领	练习情况		你需要的帮助
		做到	未做到	
拉椅的动作要领	双手握住椅背两侧,右腿迈前半步,大拇指在椅背里侧,四指在椅背外侧,轻轻把椅子拉出约30厘米或客人一个身位,等客人将要落坐,缓缓用右腿膝盖及双手推近,以不碰到客人为主			
手势及礼貌用语	"请坐"的手势正确并使用敬语			
拉椅的顺序	先主人位或老人位或女士及抱小孩客人			

2. 拉椅让座的顺序

请写出拉椅让座的正确顺序。

四、展示与评价

1. 展示内容

分组选一名组员展示拉椅让座动作,一名组员解说拉椅让座正确顺序。

2. 分组进行自评、小组间互评,填写学习活动评价表(见表4.3.4)

表4.3.4 学习活动评价表

学生姓名_____　　教师_____　　班级_____　　学号_____

项　目	自　评			组　评			师　评		
	优秀	合格	不合格	优秀	合格	不合格	优秀	合格	不合格
拉椅让座的动作									
拉椅让座顺序									
信息收集情况									
利用信息能力									
安全操作意识									
任务明确程度									
学习主动性									
工作页的填写									
协作精神									
出勤情况									
总评									

学习拓展

中餐用餐座次安排分为主人位、副主人位、主宾位、副主宾位等位置,当一桌客人进入餐厅时,你如何判断每一位客人分别是属于上述哪一位置的客人。

📖 小词典

拉椅让座

拉椅让座是指客人入座时餐厅服务员协助其入座的服务。

学习情境 4

落巾服务

情境目标

1. 能规范地为客人提供落巾服务。
2. 能主动获取有效信息,与他人有效沟通、良好合作。
3. 能按要求正确、规范地完成本次学习工作页的填写。

情境描述

×××大酒店五楼中餐厅金杯包房,服务员为客人提供用餐前落巾服务。

建议学时

2 学时

学习流程

一、收集信息

请写出落巾服务的正确姿势。

老师给你的小帮助

落巾服务的正确姿势:服务员站在客人右侧,右脚伸入两椅之间,按先宾后主,女士优先的原则,为客人铺口布,并送上敬语"对不起,打扰一下",注意口布正面朝上,在客人身后将口布打开,右手在前,左手在后将口布一角压在客人餐盘下面或铺在客人大腿上,如图 4.4.1、图 4.4.2 所示。

图 4.4.1　落巾服务

图 4.4.2　落巾服务

项目四　用餐前服务

二、拟订学习计划

1. 填写小组成员分工表（见表 4.4.1）

表 4.4.1　小组成员分工表

小组成员名单	特　点	分　工	任　务

2. 填写学习进度安排表（见表 4.4.2）

表 4.4.2　学习进度安排表

序　号	开始时间	结束时间	任务内容	工作要求	备　注

三、实施学习计划

操作小提示

①落巾服务时一般在客人右侧进行。

②服务员应在客人身后将餐巾打开。

③服务员铺餐巾时应注意正面朝上。

1. 落巾服务的动作要领

分组模拟练习落巾服务。

2. 落巾服务的注意事项

每人写出落巾服务的注意事项。

四、展示与评价

1. 分组展示为客人落巾服务

落巾服务评价，见表 4.4.3。

表 4.4.3　为客人落巾服务评价表

_____小组　　　　　　　　　　　　　　　　姓名_____

项　目	评价点	达标情况			原　因
		优秀 （能手）	合格	不合格	
动作要领	站在客人右侧,右脚伸入两椅之间,口布正面朝上,右手在前,左手在后				
顺序	先宾后主,女士优先				
使用敬语	敬语使用恰当				
表情	热情亲切、自然大方				

2.分组进行自评、小组间互评,填写学习活动评价表(见表 4.4.4)

表 4.4.4　学习活动评价表

学生姓名_____　　　教师_____　　　班级_____　　　学号_____

项　目	自　评			组　评			师　评		
	优秀	合格	不合格	优秀	合格	不合格	优秀	合格	不合格
落巾服务动作要领									
落巾服务的顺序									
使用敬语									
信息收集情况									
利用信息能力									
安全操作意识									
任务明确程度									
学习主动性									
工作页的填写									
协作精神									
出勤情况									
总评									

159

学习拓展

　　落巾服务一般在客人的右侧进行,如有特殊情况可灵活服务,尝试在客人左侧递铺餐巾,为客人提供针对性服务。

📖 **小词典**

落巾

落巾是指客人入座时为客人递铺餐巾,是对客人的一种礼遇。

学习情境5

小毛巾服务

情境目标

1. 能正确、规范地为客人提供毛巾服务。

2. 熟知毛巾服务的注意事项。

3. 能主动获取有效信息,与他人有效沟通、良好合作。

4. 能按要求正确、规范地完成本次学习工作页的填写。

情境描述

×××大酒店五楼中餐厅金杯包房,客人前来就餐,服务员为客人提供毛巾服务。

建议学时

2学时

学习流程

一、收集信息

你知道的小毛巾服务有哪些步骤?

老师给你的小帮助

1. 小毛巾服务程序

(1)准备小毛巾

①服务员将洗涤洁净、无污迹、无油迹、无破损、无毛边、消毒过的毛巾浸泡于热水中,然后拧干,展开平放,从毛巾的一头开始向前推卷,将其紧卷成圆柱形。

②将卷好的毛巾按顺序、整齐地摆放在毛巾保湿箱内,并将毛巾保湿箱的门关好,打开电源开关。

（2）第一次小毛巾服务

①客人入座，完成落巾、撤筷套服务后，服务员须提供第一次小毛巾服务。

②提供毛巾服务时，须站立在客人的左侧，左手提毛巾篮、右手拿毛巾夹从毛巾篮内夹起毛巾，按照先宾后主、女士优先的原则，从客人的左侧将毛巾摆放在客人的左手边的毛巾盘内，并且四指并拢、手心向上示意告知客人"请您用毛巾"，如图4.5.1所示。

图4.5.1　小毛巾服务

③撤掉客人用过的毛巾时，应先征询客人意见，经客人同意后，从客人的左侧将毛巾撤掉。

（3）第二次小毛巾服务

客人吃完去皮、带骨的菜品后，服务员须提供第二次小毛巾服务，标准同上。

（4）第三次毛巾服务

客人吃完甜品后，服务员须提供第三次小毛巾服务。

2. 毛巾服务的步骤

检查毛巾→合理取用→规范服务→语言亲切→收走毛巾。

二、拟订学习计划

1. 填写小组成员分工表（见表4.5.1）

表4.5.1　小组成员分工表

小组成员名单	特　点	分　工	任　务

2.填写学习进度安排表(见表4.5.2)

表4.5.2　学习进度安排表

序　号	开始时间	结束时间	任务内容	工作要求	备　注

三、实施学习计划

操作小提示

①为客人提供毛巾服务时应注意毛巾的温度是否适宜。

②为客人提供毛巾服务时应注意不要影响客人用餐。

1.毛巾服务的要领

分组模拟练习小毛巾服务。

2.毛巾服务的注意事项

每人写出毛巾服务的注意事项。

四、展示与评价

1.分组展示小毛巾服务,小组互评

小毛巾服务评价见表4.5.3。

表4.5.3　小毛巾服务评价表

_____小组　　　　　　　　　　　　　　　姓名_____

项　目	评价点	达标情况			原　因
		优秀	合格	不合格	
动作要领	站立在客人的左侧,左手提毛巾篮、右手拿毛巾夹从毛巾篮内夹起毛巾,从客人的左侧将毛巾摆放在客人的左手边的毛巾碟内				
顺序	先宾后主、女士优先的原则				
使用敬语	使用敬语"请您用毛巾"				
表情	热情亲切、自然大方				

2. 分组进行自评、小组间互评，填写学习活动评价表（见表4.5.4）

表4.5.4　学习活动评价表

学生姓名_____　　教师_____　　班级_____　　学号_____

项目	自评			组评			师评		
	优秀	合格	不合格	优秀	合格	不合格	优秀	合格	不合格
小毛巾服务动作要领									
小毛巾服务顺序									
使用敬语									
信息收集情况									
利用信息能力									
安全操作意识									
任务明确程度									
学习主动性									
工作页的填写									
协作精神									
出勤情况									
总评									

学习拓展

　　小毛巾服务是中餐服务的项目之一，请课后搜集餐厅使用的毛巾的种类、尺寸及材质

📖 **小词典**

小毛巾

　　小毛巾即餐饮服务中常用的方形毛巾，根据材质不同有不同用途。餐饮服务所提供的小毛巾是供客人清洁手时所用的方巾。有超细纤维等特殊材料的，一般用于洁面，能深层清洁皮肤，也可以给显示器、车身等比较精细表面做清洁用。

学习情境 6

茶水服务

情境目标

1. 能规范地为客人提供茶水服务。

2. 熟知餐厅茶水服务注意事项。

3. 能主动获取有效信息,与他人有效沟通、良好合作。

4. 能按要求正确、规范地完成本次学习工作页的填写。

情境描述

×××大酒店五楼中餐厅金杯包房,就餐前服务员为客人提供茶水服务。

建议学时

2 学时

学习流程

一、收集信息

你知道茶的种类吗?

老师给你的小帮助

餐厅茶水服务程序:

①服务员应先告知客人餐厅有哪些茶水,并征询客人需要哪一种茶水(尽量推销消费茶水)。若客人要消费茶水应主动向客人介绍我们餐厅现有的茶类及价格。

②客人点好茶水后服务员应立即到吧台开单领取,在备餐间将茶泡制好,待茶叶泡制四五分钟后根据客人人数将茶倒在茶杯里(八分满),并站在客人右侧,按先宾后主、女士优先的原则为客人上茶水,送上敬语"先生/小姐您好,请用茶",同时右手用表示"请"的手势指向刚上的茶水。

③斟茶时,服务员的手不能触及杯口,也不得将茶杯从桌子上拿起,并注意壶嘴不可触及杯沿或将水倒在餐桌上,如图4.6.1所示。

图4.6.1 茶水服务

二、拟订学习计划

1. 填写小组成员分工表（见表4.6.1）

表4.6.1 小组成员分工表

小组成员名单	特 点	分 工	任 务

2. 填写学习进度安排表（见表4.6.2）

表4.6.2 学习进度安排表

序 号	开始时间	结束时间	任务内容	工作要求	备 注

三、实施学习计划

🌱**操作小提示**

①餐厅服务员为客人提供茶水服务时应懂得相关的茶叶知识。

②为客人泡茶时应注意水的温度及器皿的干净整洁。

③服务员在巡台时应注意随时为客人续斟茶水。

分组模拟练习茶水服务。

四、展示与评价

1.分组展示茶水服务,小组互评

茶水服务评价表见表4.6.3。

表4.6.3　茶水服务评价表

_____小组　　　　　　　　　　　　　　姓名_____

项　目	评价点	达标情况			原　因
		优秀（能手）	合格	不合格	
征询客人意见	使用选择疑问句征询客人意见,主动向客人介绍餐厅现有的茶类及价格				
开单	迅速、准确				
泡茶	根据茶叶种类选择冲泡器皿,冲泡时间适宜				
上茶	站在客人右侧,按先宾后主、女士优先的原则为客人上茶水				
使用敬语	使用敬语"先生/小姐您好,请用茶"并伴以"请"的手势				
表情	热情亲切、自然大方				

2.分组进行自评、小组间互评,填写学习活动评价表(见表4.6.4)

表4.6.4　学习活动评价表

学生姓名_____　　教师_____　　班级_____　　学号_____

项　目	自　评			组　评			师　评		
	优秀	合格	不合格	优秀	合格	不合格	优秀	合格	不合格
茶水服务程序									
冲泡技巧									
使用敬语									
信息收集情况									
利用信息能力									
安全操作意识									
任务明确程度									
学习主动性									
工作页的填写									

续表

项　目	自　评			组　评			师　评		
	优秀	合格	不合格	优秀	合格	不合格	优秀	合格	不合格
协作精神									
出勤情况									
总评									

学习拓展

茶水服务是中餐服务特色服务项目之一,课后请学习茶艺展示相关知识。

📖小词典

茶属双子叶植物,约30属,500种,分布于热带和亚热带地区。我国有14属,397种,主产长江以南各地,其中茶属Camellia和何树属Schima等均极富经济价值。乔木或灌木,叶互生,单叶、革质、无托叶;花常两性、稀单性、单生或数朵聚生,腋生或顶生;萼片5~7,覆瓦状排列;花瓣通常5,稀4至多数,覆瓦状排列;雄蕊极多数,分离或多少合生;子房上位,稀下位,2~10室,每室有胚珠2至多颗;果为一蒴果,或不开裂而核果状。我们一般所说的茶叶就是指用茶树的叶子或芽加工而成的产品,可以用开水直接泡饮的一种饮品。依据品种和制作方式以及产品外形目前分成六大茶类。

167

学习情境7

点菜、点酒水

情境目标

1.能按点菜服务程序为客人点菜、点酒水。
2.能准确地为客人介绍餐厅的菜单、酒水单。
3.能主动获取有效信息,与他人有效沟通、良好合作。
4.能按要求正确、规范地完成本次学习工作页的填写。

情境描述

×××大酒店五楼中餐厅金杯包房,服务员为客人提供点菜、点酒水服务。

建议学时

10 学时

学习流程

一、收集信息

收集餐厅菜单、酒单

老师给你的小帮助

1.点菜、点酒水服务步骤

准备工作→呈递菜(酒)单→菜(酒)品推介→ 记录内容→复述确认→分送点菜(酒)单。

2.点菜注意事项

①服务员应对餐厅菜单、菜品特色、菜肴的烹制方法和主要原材料等了如指掌,以便及时推销和准确地回答客人的提问。

②打开菜单第一页,按先宾后主,女士优先的顺序,用双手从宾客右侧将菜单送到宾客手中。

③点菜时上身稍稍前倾,以示尊重,点菜单不可高过宾客头顶,填写点菜单时,应将点菜单拿在左手,不能将点菜单放在客人餐桌上。

④服务员根据宾客性别、年龄、口音、言谈举止等判断宾客的饮食喜好,有针对性地向客人介绍厨师长特荐菜品及菜单内容,帮助客人选择菜品,为客人建议菜品的搭配及数量。

⑤为客人介绍菜单中的菜品时,切忌用手或手中的笔指指点点,应该掌心斜向下方、五指并拢进行介绍。

⑥如果客人所点的菜已沽清或暂时无材料,要及时告知客人,并询问是否换菜,若客人表示同意可为客人立即下单,并让厨房快速为客人制作。若实在无法满足客人要求时,应做好相应的解释工作。

⑦询问客人对菜品制作、味型有无特殊要求,尽量让客人满意。

⑧若客人要求配菜时,应向客人了解消费金额,有无特殊要求,特别嗜好,或禁忌情况,并马上通知领班配菜。

⑨填写清楚宾客就餐人数、台号、日期、具体点菜时间、点菜项目及服务员姓名。

⑩贵宾用餐,服务员要在点菜单上注明 VIP 字样。

⑪点菜或配菜完后,向客人重复一次菜单内容方可下单,待宾客确认后说:"谢谢,请您稍等。"

⑫菜单交收银处盖单后,将第二联交收银处,第一、三联交传菜部领班,第四联交给值台服务员留底,以便服务员根据菜单内容上菜,以免上错或上漏菜。

点酒水、点菜姿态如图4.7.1、图4.7.2所示。

图4.7.1 点酒水

图4.7.2 点菜

二、拟订学习计划

1. 填写小组成员分工表(见表4.7.1)

表4.7.1 小组成员分工表

小组成员名单	特　点	分　工	任　务

2. 填写学习进度安排表(见表4.7.2)

表4.7.2 学习进度安排表

序　号	开始时间	结束时间	任务内容	工作要求	备　注

三、实施学习计划

操作小提示

①点菜点酒水前应先熟悉菜品知识、酒水知识。

②点菜、点酒水前应先知晓沽清单。

③点菜员应能熟练使用点菜工具。

④点菜员应具备娴熟的推销技巧。

四、展示与评价

1.每组选派一人作为点菜员，其余扮演客人进行点菜、点酒水服务展示，小组互评

点菜、点酒水服务评价见表4.7.3。

表4.7.3 点菜、点酒水服务评价表

_____小组   姓名_____

项　目	评价点	达标情况			原　因
		优秀（能手）	合格	不合格	
准备工作	点菜工具准备齐全				
呈递菜单	打开菜单第一页，按先宾后主，女士优先的顺序，用双手从宾客右侧将菜单送到宾客手中				
菜品推介	做到看、听、问，有针对性地向客人介绍厨师长特荐菜品，为客人建议菜品的搭配及数量				
填写点单	宾客就餐人数、台号、日期、具体点菜时间、点菜项目及服务员姓名等内容完整				
复述确认	重复点单内容，并使用敬语"谢谢，请您稍等。"				
分送点单	迅速准确				
整体印象	热情亲切、自然大方，语言流利，语速适中				

2.分组进行自评、小组间互评，填写学习活动评价表（见表4.7.4）

表4.7.4 学习活动评价表

学生姓名_____   教师_____   班级_____   学号_____

项　目	自　评			组　评			师　评		
	优秀	合格	不合格	优秀	合格	不合格	优秀	合格	不合格
点菜步骤									
使用敬语									
仪表仪容									

项　目	自　评			组　评			师　评		
	优秀	合格	不合格	优秀	合格	不合格	优秀	合格	不合格
信息收集情况									
利用信息能力									
安全操作意识									
任务明确程度									
学习主动性									
工作页的填写									
协作精神									
出勤情况									
总评									

学习拓展

中国是一个餐饮文化大国,长期以来在某一地区由于地理环境、气候物产、文化传统以及民族习俗等因素的影响,形成有一定亲缘承袭关系、菜点风味相近,知名度较高,深受当地群众喜爱的地方风味流派。该地方风味餐饮流派又称为菜系。课后查阅相关资料,写出中国菜系及特点。

📖小词典

点菜单

点菜单又叫取菜单或出品单,是餐厅服务员根据客人点菜的内容和要求开立的用于到厨房、吧台拿取菜肴、酒水等食品的书面凭证,同时也是餐饮企业收银员开具发票、收取餐饮账款的重要依据,是餐饮收入发生过程中所需的第一张单据。

用餐中服务

> 餐中服务项目涵盖了上菜、分菜、酒水服务、席间巡台、其他服务等四个学习情境。其中上菜、分菜,酒水的准备、开启、斟倒和席间更换毛巾、烟灰缸、骨碟等在整个服务过程中都极为重要,在服务前,只有将各项基本功练好,才能为客人提供优质服务。

项目目标

1. 能提前做好上菜前的服务用品准备。
2. 能够准确地找到最适合的上菜位置,避免误差。
3. 能熟练掌握各种菜品知识,为客人介绍菜品。
4. 能够熟练地运用各种服务用具进行上菜、分菜服务。
5. 能熟悉各种酒水的开启、斟倒和饮用方法。
6. 能够按照规范化的服务为客人进行骨碟、烟灰缸、毛巾等用具的更换。
7. 能为特殊客人提供针对性的服务。
8. 能主动获取有效信息,展示学习工作成果,对学习与工作进行反思总结,能与他人进行有效沟通,开展良好合作。

建议学时

30 学时(见表 5.1.1)

表 5.1.1 用餐中服务学时安排及知识点、技能点表

学习情境	知识点、技能点	学时建议	备 注
1. 上菜、分菜	(1)上菜前的准备工作 (2)上菜的位置 (3)上菜的动作标准 (4)上菜的时机 (5)上菜的顺序与原则 (6)分菜的工具及使用方法 (7)分菜的方法 (8)分菜的基本功要求(注意事项) (9)特殊情况的分菜方法	10	

学习情境	知识点、技能点	学时建议	备　注
2.酒水服务	(1)酒水准备(冰镇、温热) (2)酒水示瓶(动作要领) (3)酒水开瓶(葡萄酒、香槟酒、啤酒的开瓶) (4)酒水斟倒(斟倒姿势、斟倒量、斟倒顺序)	10	
3.席间巡台	(1)撤换骨碟流程 (2)撤换烟灰缸流程 (3)收空杯、碗、调整台面流程 (4)点烟流程 (5)客人席间离座时的拉椅、撤巾、递巾服务流程	6	
4.其他服务	(1)联系代驾服务流程 (2)生日祝福服务流程 (3)代购服务流程	4	

学习情境 1

上菜、分菜

情境目标

1.提前做好上菜准备。

2.能够准确地找到最适合的上菜位置。

3.能熟知上菜的顺序及动作要领。

4.能熟练使用上菜、分菜的工具。

5.能熟练运用各种菜品的上菜和分菜的方法为客人提供上菜、分菜服务。

6.能主动获取有效信息,与他人有效沟通、良好合作。

7.能按要求正确、规范地完成本次学习工作页的填写。

情境描述

×××大酒店中餐厅,餐中服务员为客人提供上菜、分菜服务。

建议学时

10 学时

学习流程

一、收集信息

列出你知道的中餐厅上菜、分菜常用工具。

> **老师给你的小帮助**

1. 中餐厅上菜、分菜常用工具

分刀、分叉、分匙、公筷、口汤碗、汤匙、托盘,如图 5.1.1 所示。

图 5.1.1　分刀、分叉

2. 分菜时手握分叉、分勺的基本方法,如图 5.1.2 所示。

图 5.1.2　分菜时手握分叉、分勺的手法

二、拟订学习计划

1. 填写小组成员分工表(见表 5.1.2)

表 5.1.2　小组成员分工表

小组成员名单	特　点	分　工	任　务

小组成员名单	特　点	分　工	任　务

2.填写学习进度安排表(见表5.1.3)

表 5.1.3　学习进度安排表

序　号	开始时间	结束时间	任务内容	工作要求	备　注

三、实施学习计划

操作小提示

①分菜用具应根据餐厅菜单内容及宾客的用餐目的进行准备。

②在上菜前熟知菜品知识,并确定菜品与客人所点菜品相符。

③在上菜前提前调整台面,并在不打扰客人用餐前提下进行。

④操作时成"丁字步"站在上菜位置,用双手将菜品轻放到转盘上,并按顺时针方向转到主人和主宾之间,退后半步,左手背于腰际,右手五指并拢指向菜品,向客人报告菜名。

1.上菜

分组模拟表演上菜,填写上菜操作记录表,见表5.1.4。

表 5.1.4　上菜操作记录表

小组成员名单	上菜位置及顺序是否正确		是否报菜名并介绍菜肴		上菜的动作要领是否正确		你需要的帮助
	是	否	是	否	是	否	

🌳**小帮助**

1. 中餐上菜位置

以不打扰客人进餐为原则,严禁从主人和主宾之间上菜。

2. 上菜顺序

中餐上菜按先凉菜、后热菜,先荤菜、后素菜,先头菜、后炒菜,再是汤品,面食甜点,最后上水果的顺序进行。

3. 上菜注意事项

①如果菜盘很热,一定要提醒客人注意;如果有小孩同桌就餐,一定要将热菜、汤类远离孩子摆放,也可适当调整上菜口,并提醒成年人注意。

②上带有佐料的菜肴时,要先上佐料后上菜,要一次上齐,切勿遗漏。

③上带壳菜肴时要跟上小毛巾和洗手盅。

④上菜前,对于上菜位置、上菜顺序及数量,要做到心中有数。

⑤上菜前,应将桌面的空盘碟及时撤去,但也要防止上菜过勤,出现菜品堆积现象。

⑥注意上菜卫生,拇指扣盘时,不可伸进菜盘内。

⑦上菜时,菜盘不准推,移盘不准拖。

⑧上菜时,菜盘切不可从客人肩上、头顶越过。

⑨菜上转台后,要先宾后主,再按顺时针方向旋转展示菜肴。

⑩报菜名时要音量适中、吐字清晰。

⑪客人点完菜后10分钟内上齐凉菜,15分钟内按顺序开始上热菜。

⑫上菜时如需跟上佐料的,要先上佐料后上菜;上虾、蟹等菜需跟上洗手盅,及换上洁净的热毛巾。

⑬上菜后,若客人未点主食,应及时提示客人。

⑭上菜时,要询问客人是否需要分菜。如不需要,可通知厨房上菜速度快些。

⑮上汤或羹时,应为客人将汤或羹分到碗中。

⑯检查点菜单及台上的菜是否上齐,如有错单及遗漏,要及时通知厨房为客人更改。

⑰客人所点的菜品若已沽清或暂时无材料,要及时告知客人,并询问是否换菜,若客人表示同意可为客人立即下单,并让厨房快速为客人制作。

⑱菜上齐后,需通知客人,并询问其对菜品的意见及是否需要增加。

2. 分菜

分组模拟表演分菜,填写分菜操作记录表,见表5.1.5。

表 5.1.5　分菜操作记录表

小组成员名单	拿分叉、分勺手法是否正确		分整形菜的方法和步骤是否正确		分菜服务的顺序是否正确、数量是否均匀		你需要的帮助
	是	否	是	否	是	否	

💡小帮助

1. 分菜方法

（1）厨房分让式

按位上菜，厨房分好传送包房。

（2）桌上分让式

将菜品按上菜的标准上于餐桌，顺时针方向转于主位和主宾位之间，退后一步，打手势报出菜名，服务员右手持分更，左手拿骨碟，站于宾客右侧进行分派，并从主宾位开始顺时针方向进行，或两人合作分菜。一名服务员站于翻译与陪同之间分菜，另一名服务员从主宾开始按顺时针方向撤出宾客的骨碟，依次把菜肴派送给客人。

（3）备餐台（间）分菜

由服务员将菜品展示给客人后端回备餐台（间），将菜品均匀分配，然后用托盘派送，依次从宾客右侧将菜肴派上，如图 5.1.3 所示。

图 5.1.3　备餐台（间）分菜

2. 分菜顺序

先主宾后主人，再副主宾，如有儿童、老人，先分给儿童、老人，再按照顺时针方向依次分菜。

3.分菜注意事项

①分菜时,对每盘的菜肴数量服务员要做到心中有数,并分派均匀。

②有头尾的菜品,头尾不分宾客,刀叉不要在盘上发出声响。

③分菜不可一次分完,要留出菜的1/4,以显示菜品的丰盛并准备给宾客添加。

④将菜品的最佳部位先分给主宾及主人,注意了解客人状态以及喜好。如果客人正与人交谈,则应注意掌握时机进行分菜,不能因分菜影响客人交谈,给客人带来不便。

⑤分跟佐料的菜品应向客人加以说明,有汤汁的菜品分菜时应跟汤汁,注意所使用的餐具必须卫生,干净无污染,无破损。

⑥热菜上桌时,在菜盘内放置服务叉、勺,要注意将叉、勺柄朝向主人;上汤类菜肴时,在菜碟或汤盆内放上长柄汤勺。

4.分鱼类菜品的方法

①将鱼类菜品上桌后进行展示,然后在取得客人同意后将菜品撤到备餐台(间)进行分菜。

②分鱼类菜品时左手握叉右手握刀,去头去尾,并用餐刀在鱼身长划一刀取出鱼刺,然后将鱼肉切成小块并恢复原型,上桌或者是进行分发菜品;如果是分发菜品则将鱼最好的部分分给主人和主宾,分完后要留有一部份菜品,以显示菜品的丰盛。

5.分带汤菜品的方法

①将菜品上桌后进行展示,然后在取得客人同意后将菜品撤到备餐台(间)进行分菜。

②分菜时根据客人人数,准备足够的汤碗,将汤品的主料,辅料及汤品分到碗中。

③用托盘将汤品托到每一位客人的右手边上到客人面前。

④将余下的汤上到桌面上,以显示菜品的充足,以备客人添加之需。

四、展示与评价

1. 展示内容

每组选派一人作为服务员,其余扮演客人进行上菜、分菜服务展示,小组互评。

上菜、分菜服务评价见表5.1.6。

表5.1.6 上菜、分菜服务评价表

_____小组　　　　　　　　　　　姓名_____

项　目	评价点	达标情况			原　因
		优秀	合格	不合格	
准备工作	上菜、分菜工具准备齐全				
上菜位置及顺序	在陪译人员之间,上菜顺序正确				

项　目	评价点	达标情况			原　因
		优秀	合格	不合格	
报菜名及介绍菜品	音量适中、吐字清晰				
上菜、分菜动作要领	分叉、分勺拿法正确,姿态优美				
分整形菜品(鱼)	方法正确,分派数量均匀				
操作卫生	手不伸进菜盘内,上菜、分菜工具清洁卫生				

2.分组进行自评、小组间互评,填写学习活动评价表(见表5.1.7)

表5.1.7　学习活动评价表

学生姓名_____　　　教师_____　　　班级_____　　　学号_____

项　目	自　评			组　评			师　评		
	优秀	合格	不合格	优秀	合格	不合格	优秀	合格	不合格
上菜									
介绍菜品									
分菜									
信息收集情况									
利用信息能力									
安全操作意识									
任务明确程度									
学习主动性									
工作页的填写									
协作精神									
出勤情况									
总评									

学习拓展

课后尝试分派特殊菜肴,如:拔丝类菜和造型菜肴。

💡 操作小提示

特殊菜肴的分让方法

项目五　用餐中服务

①汤类菜肴的分让方法:先将盛器内的汤分进客人的碗内,然后再将汤中的原料均匀地分入客人的汤碗中。

②造型菜肴的分让方法:将造型的菜肴均匀地分给每位客人。如果造型较大,可先分一半,处理完上半部分造型物后再分余下的一半。也可将食用的造型物均匀地分给客人;不可食用的,分完菜后撤下。

③卷食菜肴的分让方法:一般情况是由客人自己取拿卷食。如老人或儿童多的情况,则需要分菜服务。方法是:服务员将骨碟摆放于菜肴的周围;放好铺卷的外层,然后逐一将被卷物放于铺卷的外层上;最后逐一卷上送到每位客人面前。

④拔丝类菜肴的分让方法:由一位服务员取菜分类,另一位服务员快速递给客人。

📖 **小词典**

特殊宴会的分菜方法

①客人只顾谈话而冷淡菜肴:遇到这种情况时,服务员应抓住客人谈话出现短暂的停顿间隙时机,向客人介绍菜肴并以最快的速度将菜肴分给客人。

②主要客人带有少年儿童赴宴:此时分菜先分给儿童,然后按常规顺序分菜。

③老年人多的宴会:采取快分慢撤的方法进行服务。分菜步骤可分为两步,即先少分再添分。

学习情境2

酒水服务

情境目标

1. 能提前做好酒水服务准备。
2. 能熟知各种酒水的最佳饮用方法。
3. 能熟练使用斟酒、分酒、开启酒水的工具。
4. 能够规范地为客人提供酒水服务。
5. 能主动获取有效信息,与他人有效沟通、良好合作。
6. 能按要求正确、规范地完成本次学习工作页的填写。

建议学时

10 学时

情境描述

×××大酒店中餐厅,餐中,服务员为客人提供酒水服务。

学习流程

一、收集信息

列出你知道的中餐厅常用酒水及饮用方法和服务用具。

老师给你的小帮助

（1）酒水服务用品

酒柜、开瓶器、冰块、冰桶、温酒壶、毛巾、各种酒杯、托盘、分酒器、醒酒器、话梅、柠檬等。

（2）酒水服务程序

①向客人示酒：取来客人选定的酒，在客人桌边用左手托住瓶底，右手握住瓶口，使瓶口朝上呈45度角，酒标对着客人。

②开酒：用准备好的开酒刀切开瓶酒封口，揭去封口顶部；用毛巾清洁瓶口，插入酒钻，转动钻柄直至钻头全部进入瓶塞；轻轻松动酒钻，拔出瓶塞。

操作小提示：不得转动或摇动酒瓶。

③请客人检查确认：酒塞出瓶后，应放在骨碟上呈送至客人面前，请客人检查瓶塞上商标与贴纸内容是否一致，经客人确认无误后，才可斟酒。

④请客人事先品尝：先用餐巾擦净瓶口和瓶身，并在主人杯中倒入约2厘米深的酒，并轻轻晃动一下酒杯后，请客人尝酒，且使用敬语："请您先品尝一下，好吗？"。

⑤斟酒：右手握住酒瓶，左手拿餐巾或托盘，右脚跨前踏在两椅之间，举瓶高低适当；倒完酒后，瓶子往右转动，防止滴淌杯外。

⑥斟添：斟酒后，要在旁边注意观察。发现客人杯中的余酒剩1/3时，应及时斟添。

二、拟订学习计划

1. 填写小组成员分工表（见表5.2.1）

表5.2.1　小组学习成员分工表

小组成员名单	特　点	分　工	任　务

2.填写学习进度安排表(见表5.2.2)

表5.2.2　学习进度安排表

序　号	开始时间	结束时间	任务内容	工作要求	备　注

三、实施学习计划

1.根据图示填写斟酒服务程序表(见表5.2.3)

表5.2.3　斟酒服务程序表

程序名称	操作标准(图示)	操作标准(文字说明)
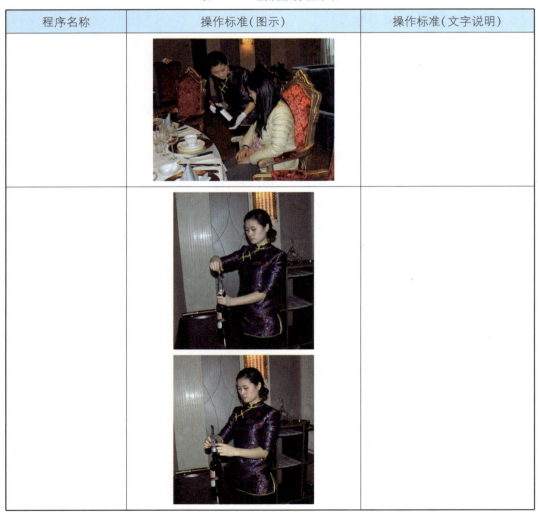		

程序名称	操作标准（图示）	操作标准（文字说明）

项目五　用餐中服务

2. 分组模拟练习酒水服务

操作小提示

斟酒应注意的规范：

①斟酒时，服务员应站在客人身后右侧，左手托盘或拿餐巾，右手持瓶，使酒标朝外进行操作，所有酒水服务都应从客人右边进行，不可"左右开弓"。

②斟酒应从主宾开始，按顺时针方向绕台进行，在倒酒前应注意一下，如客人不需要则予以调换；宾客如带女士一同进餐，应先给女士斟酒。

③斟酒时，瓶口不可紧靠酒杯，但也不宜瓶口离酒杯过高，否则酒水容易溅出杯外。

④瓶内酒越少，出口的速度越快，因此要掌握好酒瓶的倾斜度。

⑤斟啤酒等发泡酒，因泡沫较多，倒的速度应慢些或让酒沿着杯壁流下，但斟酒时不可用手拿杯。

⑥斟红酒或白酒时，用右手抓住瓶身下方，瓶口略高于杯口 1～2 厘米，斟完后将瓶口提高 3 厘米并旋转 45 度后抽走，使最后一滴酒均匀分布于瓶口不致滴下。斟酒完毕，应用餐巾擦净瓶口溅出的酒。

⑦斟酒时不宜过满，一般烈性酒盛 3/4 杯，红酒 2/3 杯即可。拿杯时，手不能触摸杯口。

⑧未斟完的酒水，应将酒瓶放在工作台上，如客人要求自己倒酒，可以把酒瓶放于客人指定的位置。

四、展示与评价

1. 每组展示酒水服务，小组互评

酒水服务评价见表5.2.4。

表 5.2.4　酒水服务评价表

_____小组　　　　　　　　　　　　　　　姓名_____

项　目	评价点	达标情况			原　因
		优秀	合格	不合格	
示酒	站在客人右侧，手托住瓶底，右手握住瓶口，瓶口朝上呈45度角，酒标对着客人				
开酒	选择正确的开瓶器，开启酒瓶程序和方法正确，使用工具卫生				
斟酒	姿势正确，酒水斟倒量符合标准（白酒8分、红酒5分）				
操作卫生	手不触碰杯口，服务工具清洁卫生				
综合印象	姿态优美，使用敬语				

2. 分组进行自评、小组间互评,填写学习活动评价表(见表5.2.5)

表5.2.5　学习活动评价表

学生姓名_____　　教师_____　　班级_____　　学号_____

项　目	自　评			组　评			师　评		
	优秀	合格	不合格	优秀	合格	不合格	优秀	合格	不合格
示酒									
开酒									
斟酒									
操作卫生									
信息收集情况									
利用信息能力									
安全操作意识									
任务明确程度									
学习主动性									
工作页的填写									
协作精神									
出勤情况									
总评									

学习拓展

课后学习酒水知识。

📖 小词典

1. 取酒水

①服务员或酒水员到吧台按客人的《酒水单》领取酒水。

②如客人点的是白葡萄酒,需在冰桶内放上碎冰,将瓶酒放入冰桶,最佳温度9 ℃,酒牌朝上,冰桶边架放置在主人位右后边。

③如客人点的是红葡萄酒,将酒瓶放入垫有毛巾的酒篮中,最佳温度20 ℃,酒牌朝上,使客人可以看清。

④如客人点的是普通酒水,可用托盘进行取运,即在托盘中摆放酒水。摆放时,应根据客人座次顺序摆放,客人的酒水放在托盘外则,主人的酒水放在托盘里侧。

⑤取酒水的时间不得超过5分钟。

2.服务酒水

①摆放酒水、饮料杯:客人餐具前的酒杯、饮料杯的摆放要从大到小,放在客人便于拿放的位置。

②开启酒瓶、饮料罐:开启有气体的酒和罐装饮料时,切忌正对着客人。

学习情境3

席间巡台

情境目标

1.能够在巡台过程中发现客人的需求并及时解决。

2.能够及时更换客人的骨碟、烟灰缸。

3.能熟练使用服务用具。

4.能仔细观察客人餐中需求,适时提供席间服务。

5.能主动获取有效信息,与他人有效沟通、良好合作。

6.能按要求正确、规范地完成本次学习工作页的填写。

情境描述

×××大酒店中餐厅,餐中,服务员为客人提供席间服务。

建议学时

6学时

学习流程

一、收集信息

列出你知道席间的巡台服务内容。

老师给你的小帮助

(1)席间服务用具

分刀、分叉、分匙、公筷、口汤碗、汤匙、托盘、火柴、烟灰缸、口布、茶杯、茶壶、酒精等。

（2）席间服务注意事项

①服务过程中勤巡台，勤收盘，勤换骨碟、烟灰缸，但绝不能在客人进食时撤换。

②若客人把骨头或渣堆放在桌上，应用分羹夹起，放在骨碟上拿走。

③若客人汤渍等打翻，要先用口布吸干，再将干净的口布铺在上面，要经常保持台面的清洁。

④收空盘时，动作要轻，避免汤渍洒落在客人身上，相应的调味品和酱汁也应一并撤走。

⑤及时更换香巾、茶水，整理台面，整个用餐过程需更换多次热毛巾。

⑥中餐服务一般遵循右上右撤的原则，也可灵活运用，提供令客人满意的服务。

⑦在服务过程中尽可能地满足客人的服务需求，若对某些问题不能确定前，不可随便答复客人，需汇报上级后再作决定。

二、拟订学习计划

1.填写小组成员分工表（见表5.3.1）

表5.3.1　小组成员分工表

小组成员名单	特　点	分　工	任　务

2.填写学习进度安排表（见表5.3.2）

表5.3.2　学习进度安排表

序　号	开始时间	结束时间	任务内容	工作要求	备　注

三、实施学习计划

操作小提示

①撤换骨碟要轻拿轻放。

②注意操作卫生，手指不能伸进盘内，不能触及杯口。

③撤换烟灰缸前应准备好干净无破损的烟灰缸和抹布一块。

④发现客人的烟缸内有两个烟蒂或其他杂物时,必须为客人更换烟灰缸。

1. 撤换骨碟

分组模拟练习撤换骨碟,写出撤换骨碟程序及注意事项。

🔦 小帮助

撤换骨碟注意事项

①换干净骨碟时托盘将骨碟摆在靠身体内侧的托盘重心处,约占托盘的1/3。持托盘行进到客人座位处,侧身从客人右边接近,并准备更换骨碟。

②换第一个骨碟时,应先将脏的骨碟从客人右侧撤出(注意骨碟内的杂物切忌掉在地上或客人身上)如图5.3.1所示。放在托盘的左上角,然后拿一个干净的骨碟放在客人桌上,如图5.3.2所示。

图5.3.1　撤脏骨碟

图5.3.2　放干净骨碟

③换第二个骨碟时,撤下的脏骨碟应先将骨碟内的汤汁杂物倒于撤下的第一个骨碟内,然后将第二个脏骨碟放于托盘右上角(之后换骨碟同换第二个骨碟一样)。此时,托盘内的三个骨碟,应放成倒"品"字形,如图5.3.3所示。

图5.3.3　换第二个骨碟

2. 点烟

模拟练习为客点烟服务。

🔦 小帮助

点烟撤换烟灰缸工作标准,如图5.3.4所示。

图 5.3.4　点烟

①服务员看到客人抽出香烟时,服务员要主动上前为客人进行点烟服务。

②点烟前拿出打火机向客人示意。

③在点烟前,为安全起见,须事先避开客人,调试打火机的火焰,点烟时注意保持火焰与客人的距离。

④点完烟要观察台面是否有烟灰缸,如没有应及时递上。

3. 撤换烟灰缸

分组练习撤换烟灰缸,填写操作记录表,见表 5.3.3。

表 5.3.3　撤换烟灰缸操作记录表

小组成员名单	撤换前是否征求客人意见		撤换方法及程序是否正确		操作是否清洁卫生		你需要的帮助
	是	否	是	否	是	否	

🔦 小帮助

撤换烟灰缸要领

①站在客人右侧,用手示意准备撤换烟灰缸。

②当烟灰缸中有客人放在烟灰缸边缘上的香烟时,应询问客人是否继续使用,禁止在未征得客人同意的情况下,将带香烟的烟灰缸换走。

③用右手拿起托盘内的烟灰缸,轻放在脏烟灰缸上,如图 5.3.5 所示。

图 5.3.5　拿起烟灰缸

④用右手同时把两个烟灰缸拿起,放入托盘。如图 5.3.6 所示。

图 5.3.6　右手同时拿两个烟灰缸

⑤将干净的烟灰缸放回原位置。

四、展示与评价

1. 每组展示撤换骨碟、撤换烟灰缸服务,小组互评

撤换骨碟、撤换宴会缸服务评价见表 5.3.4。

表 5.3.4　撤换骨碟、撤换宴会缸服务评价表

＿＿＿＿＿＿小组　　　　　　　　　　　　　　　姓名＿＿＿＿＿＿

项　目	评价点	达标情况			原　因
		优秀	合格	不合格	
撤换骨碟	装盘正确,撤换时机恰当,摆放标准				
撤换烟灰缸	站在客人右侧,征询客人意见,撤换方法正确				
操作卫生	手指不伸进盘内,不触碰杯口,服务工具清洁卫生				
综合印象	姿态优美,使用敬语				

2.分组进行自评、小组间互评,填写学习活动评价表(见表5.3.5)

表5.3.5 学习活动评价表

学生姓名_____ 教师_____ 班级_____ 学号_____

项　目	自　评			组　评			师　评		
	优秀	合格	不合格	优秀	合格	不合格	优秀	合格	不合格
撤换骨碟									
为客人点烟									
撤换烟灰缸									
操作卫生									
综合印象									
信息收集情况									
利用信息能力									
安全操作意识									
任务明确程度									
学习主动性									
工作页的填写									
协作精神									
出勤情况									
总评									

学习拓展

1.课后查询席间特殊宾客服务技巧

如:对儿童客人、生病客人、伤残客人的服务技巧。

2.查询席间意外事件的处理技巧

客人醉酒、餐厅突然停电、发生火灾、客人遗失物品的处理技巧。

小词典

餐尾服务小知识

①上水果前应为每位客人派发热毛巾、果叉。

②客人点甜品后,要征得客人同意后撤走餐具,并在上甜品时配上相应的餐具。

③餐后,换上洁净的热毛巾,并送上热茶。

项目五　用餐中服务

学习情境 4

其他服务

情境目标

1. 能熟练地为客人提供代驾服务、生日祝福服务、代购服务。
2. 能主动获取有效信息,与他人有效沟通、良好合作。
3. 能按要求正确、规范地完成本次学习工作页的填写。

情境描述

×××大酒店五楼中餐厅金杯包房,服务员为客人提供代驾服务、生日祝福服务、代购服务。

建议学时

4 学时

学习流程

一、收集信息

查询代驾服务、生日祝福服务、代购服务流程。

老师给你的小帮助

(1)代驾服务流程

客人提出代驾→向客人介绍代驾价格→再次向客人确认地址、时间和价格→联系代驾酒店司机→将代驾信息输入电脑→出车。

(2)生日祝福服务流程

1)传递信息

销售或宾服接到客人生日宴预定信息后,及时将信息告之中餐厅及相应管理人员,如遇特殊客人则及时通知主管以上管理人员并作详细说明。

2)准备工作

中餐厅楼面接到通知后,做相应的准备。如:生日快乐歌、鲜花、蛋糕车、蛋糕刀、生日蜡烛、金托、打火机、装蜡烛的骨碟、包蛋糕的口布及蛋糕等,将其推至相邻包房备用。

3)迎接客人

准备好一切餐前工作后,管理人员带领服务员在电梯口迎接客人的到来并以"生日快乐"为祝福语,重点迎接过生日的客人,特殊客人则及时通知管理人员。

4)客人自带品的处理

如遇客人自带有蛋糕,先询问客人是餐前吃还是餐后吃,如果是餐后吃,在征得客人同意的情况下,将蛋糕拿到厨房冷藏。

5)菜品注意事项

客人入座后,销售人员请客人看阅配菜单,并征询客人意见,临时点菜尽量选用菜名能表示长寿、平安、吉祥的菜品,并通知后厨做送赠寿桃或寿面的准备。

6)点燃蜡烛,分送蛋糕

征得客人食用蛋糕的时间后,将蛋糕车上的蛋糕插上蜡烛并点燃后推至包房内的寿星处,同时组织几名服务员、中餐厅管理人员及销售与客人们一起唱生日歌以活跃气氛,由一名中餐厅管理人员或销售送上生日祝福语后请客人许下生日的愿望,待客人许愿吹灭蜡烛后递上蛋糕刀,客人切完入座后将第一块蛋糕分送给过生日的客人,并给每一位客人分送蛋糕。(小提示:过程中点燃蜡烛后,征得客人同意关掉照明灯,待客人吹灭蜡烛后再开启。)

7)上每一道菜时说一句祝福语

如:福如东海、寿比南山,身体健康、万事如意,年年有今日、岁岁有今朝,天天开心、永远年轻,步步高升、吉祥如意,事事顺心、心想事成,工作顺利、事业有成,鹏程万里、前程似锦,马到成功、快乐如鱼,生日快乐、一帆风顺,十全十美、平安幸福,吉祥如意,前途无量,锦绣前程,大展宏图,春风得意等。

8)餐中赠送礼品

在餐中由销售人员或中餐厅管理人员向过生日的客人赠送寿面或寿桃,并说祝福语。

9)送客

客人用完餐后,服务员主动上前询问客人的满意程度,并收集客人意见;客人离去时,服务员以祝福语恭送客人,让客人在祝福语中满意而归。

10)建立档案

建立客人生日档案,以便客人以后过生日时提前送达祝福语。

(3)代购服务流程

客人提出代购要求→向客人问清代购物品品名、数量、产地、价格等→填写代购单并请客人签字→电话联系礼宾部为客人代购。

二、拟订学习计划

1.填写小组成员分工表(见表5.4.1)

表5.4.1 小组成员分工表

小组成员名单	特 点	分 工	任 务

续表

小组成员名单	特　点	分　工	任　务

2.填写学习进度安排表(见表5.4.2)

表5.4.2　学习进度安排表

序　号	开始时间	结束时间	任务内容	工作要求	备　注

三、实施学习计划

操作小提示

①为客人联系代驾服务时应问清代驾的时间、地点、车型等。

②为客人提供生日祝福服务时应注意问清客人所点蜡烛的数量及是否有客人一起祝福。

③为客人提供代购服务时应注意快速、准确。

1.分两组练习代驾服务、生日祝福服务、代购服务

2.每人填写代驾单、生日祝福流程、代购单

四、展示与评价

1.模拟生日祝福现场,分两组展示生日祝福服务流程,小组互评

生日祝福服务评价见表5.4.3。

表5.4.3　生日祝福服务评价表

_____小组　　　　　　　　　　　姓名_____

项　目	评价点	达标情况			原　因
		优秀	合格	不合格	
准备工作	备齐生日快乐歌、鲜花、蛋糕车、蛋糕刀、生日蜡烛、金托、打火机、装蜡烛的骨碟、包蛋糕的口布及蛋糕等				

项 目	评价点	达标情况			原 因
		优秀	合格	不合格	
迎接客人	电梯口迎接客人,并使用敬语				
点燃蜡烛、分送蛋糕、赠送礼品	气氛活跃,赠送寿面或寿桃,祝福语使用恰当,符合标准				
送客	收集客人意见,用祝福语恭送客人				
建立档案	及时建立《客人生日档案》				
操作卫生	手指不伸进盘内,不触碰杯口,服务工具清洁卫生				
综合印象	姿态优美,使用敬语				

2. 展示每人填写的代驾单、生日祝福流程、代购单

3. 分组进行自评、小组间互评,填写学习活动评价表(见表5.4.4)

195

表5.4.4 学习活动评价表

学生姓名_____ 教师_____ 班级_____ 学号_____

项 目	自 评			组 评			师 评		
	优秀	合格	不合格	优秀	合格	不合格	优秀	合格	不合格
代驾服务									
生日祝福服务									
代购服务									
综合印象									
信息收集情况									
利用信息能力									
安全操作意识									
任务明确程度									
学习主动性									
工作页的填写									
协作精神									
出勤情况									
总评									

学习拓展

生日祝福服务是餐厅为客人提供的特色服务之一,课后请练习生日祝福活动主持程序。

小词典

1. 代驾

代驾就是当车主不能自行开车到达目的地时,由专业驾驶人员驾驶车主的车将其送至指定地点并收取一定费用的行为。在餐饮行业使用较多,车主去饭店聚餐喝酒,酒后因为不能开车,由其他人代为开车。

2. 代购

代购就是酒店宾客需要酒店工作人员帮忙购买他需要的商品。

结账收尾

项目导语

结账收尾工作是餐厅对客服务的重要技能,其服务质量的优劣对客人的心理影响很大,也直接关系到餐饮经营的成果。本项目包括了结账、填写收集客人意见单、餐后收尾工作三个情境。通过此项目的学习,学生能掌握不同的结账方式及流程,能按规范送客,会正确收集宾客意见单,完成餐后收尾工作,具备餐饮服务人员的基本能力。

项目目标

1. 能为客人准确、快速进行结账工作。
2. 能用礼貌的对客用语迎送客人。
3. 会各种结账方式的流程。
4. 会填写、收集客人意见单。
5. 能主动获取有效信息,展示学习工作成果,对学习与工作进行反思总结,能与他人进行有效沟通,开展良好合作。
6. 能按要求正确、规范地完成本次工作页的填写。

建议学时

10 学时(见表 6.1.1)

表 6.1.1　结账收尾学时安排知识点、技能点表

学习情境	知识点、技能点	学时建议	备注
1. 结账	(1)结账方式 (2)结账服务程序(为客拿账单、请客签单)	6	
2. 宾客意见收集、整理	填写《宾客意见表》	2	
3. 收尾工作	(1)收台顺序 (2)餐桌、餐椅清洁标准 (3)餐具柜清洁、整理标准 (4)值台区域的安全检查	2	

学习情境 1

结　账

情境目标

1. 能准确掌握各种结账方式方法的流程。
2. 能提供标准的结账服务。
3. 能规范地送客。
4. 能主动获取有效信息，与他人有效沟通、良好合作。
5. 能按要求正确、规范地完成本次学习工作页的填写。

情境描述

中午 12:40,×××中餐厅,客人用餐完毕后,要求服务人员结账。

建议学时

4 学时

学习流程

一、收集信息

你了解的结账方式有几种?

你所知道的结账流程是什么?

你知道餐后如何送客吗?

老师给你的小帮助

1. 信用卡结账

信用卡结账如图 6.1.1 所示。

信用卡结账流程:

① 如果客人使用信用卡结账,服务员应先请客人等候,并将信用卡和客人的身份证或护照送到收银处(若客人信用卡有密码应礼貌地请客人到收银台输密码)。

② 收银员做好信用卡收据后,服务员应检查无误后将收据、账单及信用卡夹在结账夹内。

③将结账夹打开,从主人右侧递给客人,并为客人递上笔,请客人分别在账单和信用卡上签字。

④将账单第一页、信用卡收据中的客人存根页及信用卡递给客人,并真诚地感谢客人。

⑤将账单第二联及信用卡收据另外三页送回收银处。

图 6.1.1　信用卡结账

2. 签单结账

签单结账如图 6.1.2 所示。

签单结账流程:

①如果客人是签单客人,服务员在为客人送上账单的同时,为客人递上笔,右手持笔的中间,笔尾朝向客人,笔尖朝向服务员自己,并礼貌地提示客人需写清房间号及正楷姓名的签字,若是住店客人签单应提前到收银处问清签单限额,协议单位签单应提前问清单位名称及签单人姓名,以便核对。

②客人签好账单后,服务员将账单重新夹在结账夹内,并真诚地感谢客人:"谢谢先生/女士"。

③查询电脑后,认可。

图 6.1.2　签单结账

3. 贵宾卡结账

贵宾卡结账如图6.1.3所示。

贵宾卡结账流程：

①如果客人结账出示贵宾卡时，服务员将贵宾卡送往收银处。

②服务员将账单和贵宾卡一同夹在结账夹内递交给客人，并告诉客人已经为他打了折。

③协助客人离开座位。当客人结账完毕有意离开餐厅时，服务员应迅速来到客人身后，帮助客人搬开椅子，便于客人站立，协助老人或重要客人穿上外衣。

a. 服务员面带微笑有礼貌地对客人说："请带好自己的随身物品，谢谢您的光临，先生/女士，请慢走。"

b. 对客人道再见时，不应表示过分高兴。

c. 目送客人到餐厅门口迎宾员处。

d. 客人离开座位并走出餐厅后，服务员立即检查客人是否遗留物品，若有遗留物品应及时赶上客人归还；没有遗留物品，服务员方可手拿托盘走到餐桌边清理餐具。

e. 迎宾员站在餐厅门口，当客人走出餐厅时，迎宾员面带微笑，为客人按好电梯，双手交叉放于腹前，微微点头："先生/女士（客人姓氏或职务），谢谢光临，请慢走"。并目送客人直至离去。

图6.1.3　贵宾卡结账

4. 现金结账

现金结账如图6.1.4所示。

现金结账流程：

①如客人现金结账，请客人稍等，将账单夹在结账夹内，走到主人右侧将账单递给客人。

②在客人右后侧当面清点钱数，将现金送至收银台处。

③将所找零钱夹在结账夹中，送回客人。

④服务员在客人右侧，打开结账夹，将所找零钱递给客人，并呈上发票，同时真诚地

感谢客人。

⑤客人确定所找钱数正确后，将结账夹送回收银处。

图 6.1.4　现金结账

二、拟订学习计划

1. 填写小组成员分工表（见表 6.1.2）

表 6.1.2　小组成员分工表

小组成员名单	特　点	分　工	备　注

2. 填写学习（工作）进度安排表（见表 6.1.3）

表 6.1.3　学习（工作）进度安排表

序　号	开始时间	结束时间	任务内容	工作要求	备　注

三、实施学习计划

🌱 操作小提示

①每种结账方式所用物品应根据结账方式内容具体准备。

②结账时要注意钱款准确。

1. 模拟表演签单结账

按签单结账要求分组练习，一名学生扮演客人、一名学生扮演酒店工作人员，组长填写小组成员练习情况记录表，见表6.1.4。

表6.1.4　签单结账练习记录表

任　务	操作记录	需要解决的问题
礼貌用语		
至收银处问清签单限额		
递上账单并请客人签字		
送至收银处,输入电脑		
礼貌送客		

2. 模拟表演信用卡结账

按信用卡结账要求分组练习，一名学生扮演客人、一名学生扮演酒店工作人员，组长填写小组成员练习情况记录表，见表6.1.5。

表6.1.5　信用卡结账练习记录表

任　务	操作记录	需要解决的问题
礼貌用语		
核对客人信用卡、身份证有效性		
请客人核对消费金额、并签字		
将客人签字的账单送至前台		
礼貌送客		

3. 模拟表演贵宾卡结账

按贵宾卡结账要求分组练习，一名学生扮演客人、一名学生扮演酒店工作人员，组长填写小组成员练习情况记录表，见表6.1.6。

表6.1.6　贵宾卡结账练习记录表

任　务	操作记录	需要解决的问题
礼貌用语		
核对客人身份、消费金额		
递送账单		
收取钱款送至前台		
礼貌送客		

4.模拟表演现金结账

按现金结账要求分组练习,一名学生扮演客人、一名学生扮演酒店工作人员,组长填写小组成员练习情况记录表,见表6.1.7。

表6.1.7 现金结账练习记录表

任　务	操作记录	需要解决的问题
礼貌用语		
核对金额		
递送账单		
收取钱款送至前台		
礼貌送客		

四、展示与评价

1.每组展示客人签单、信用卡结账、贵宾卡结账、现金结账的服务程序

2.分组进行自评、小组间互评,填写学习活动评价表(见表6.1.8)

表6.1.8 学习活动评价表

学生姓名_____　　教师_____　　班级_____　　学号_____

项　目	自　评			组　评			师　评		
	优秀	合格	不合格	优秀	合格	不合格	优秀	合格	不合格
礼貌用语									
核对身份、金额									
递送账单、客人签字									
收取钱款送至前台									
礼貌送客									
信息收集情况									
利用信息能力									
安全操作意识									
任务明确程度									
学习主动性									
工作页的填写									
协作精神									

续表

项　目	自　评			组　评			师　评		
	优秀	合格	不合格	优秀	合格	不合格	优秀	合格	不合格
出勤情况									
总评									

学习拓展

课后查询、练习支票结账方式。

📖小词典

1. 签单结账

为了方便住店客人，饭店一般允许住店客人在餐厅以签单方式结账。客人在办理入住手续后，饭店会给客人"欢迎卡"和"钥匙卡"。"欢迎卡"上写明到店和离店日期、房间号码，并请客人在"欢迎卡"上签名。客人每次到餐厅用完餐后，出示"欢迎卡"就可以签单结账，在客人离店时一并结算。

2. 信用卡结账

为了方便客人安全消费，饭店餐厅都接受各大银行的信用卡结账业务。国内常见的信用卡有中国银行的"长城卡"、工商银行的"牡丹卡"、农业银行的"金穗卡"以及建设银行的"龙卡"等。

3. 贵宾卡结账

贵宾卡是餐厅的重要客人所持有的，在餐厅消费中可以给予一定的折扣，在结账时需要出示。

4. 现金结账

用现金对消费进行结算。

学习情境 2

宾客意见收集、整理

情境目标

1. 能主动收集宾客意见，并整理归类。

2. 会填写不同酒店的宾客意见单。

3. 能主动获取有效信息，与他人有效沟通、良好合作。

4.能按要求正确、规范地完成本次工作页的填写。

情境描述

×××中餐厅,餐后收集、整理宾客意见。

建议学时

2 学时

学习流程

一、收集信息

1.你知道什么是客人意见表吗?

2.你知道怎么填写客人意见表吗?

```
┌─────────────────────────────┐
│      老师给你的小帮助         │
└─────────────────────────────┘
```

宾客意见样表(见表6.2.1)

表6.2.1　宾客意见样表

尊敬的宾客:

非常感谢您的光临!我们在不断提升产品品质和服务的同时,真诚地希望您填写此意见表,以便我们能更好地为您服务,衷心感谢您的支持!

您的姓名			联系电话				
就餐时间	月　　日　　中餐□　　晚餐□			桌号			
服务	仪容仪表	邋遢	□		整洁		□
	服务态度	非常热情 □	热情 □	不热情 □	冷淡 □		
	上菜速度	非常快 □	快 □	慢 □	非常慢 □		
	服务速度	非常快 □	快 □	慢 □	非常慢 □		
菜品	品种	非常少 □		偏少 □		适中 □	
	菜量	非常少 □		偏少 □		适中 □	
	味道	非常咸 □	偏咸 □	适中 □	偏淡 □		
	价格	非常贵 □	偏贵 □	适中 □	便宜 □		
其他	环境	恶劣 □		舒适 □		凌乱 □	
	卫生	非常脏 □		干净 □		有点脏 □	

续表

您是第几次到本餐厅用餐	第一次	☐	第二次	☐	第三次	☐	三次以上	☐
您评议的员工姓名								
您对评议员工的意见	好	☐	一般	☐	差	☐		
您对本餐厅哪些菜品比较满意：								
您对本餐厅最满意的内容：								
您对本餐厅最不满意的内容：								
请留下您的宝贵意见和建议：								

二、拟订学习计划

1. 填写小组成员分工表（见表6.2.2）

表 6.2.2　小组成员分工表

小组成员名单	特　点	分　工	备　注

2. 填写学习（工作）进度安排表（见表6.2.3）

表 6.2.3　学习（工作）进度安排表

序　号	开始时间	结束时间	完成内容	工作要求	备　注

三、实施学习计划

①应根据客人意见准确填写宾客意见表。

②能对客人意见进行分类整理。

1. 填写酒店宾客意见表

分组练习,一名学生扮演客人、一名学生扮演酒店工作人员,请客人填写宾客意见表,见表6.2.4。

表6.2.4 宾客意见表

尊敬的宾客:

　　非常感谢您的光临! 我们在不断提升产品品质和服务的同时,真诚地希望您填写此意见表,以便我们能更好地为您服务,衷心感谢您的支持!

您的姓名			联系电话			
就餐时间	月　　日		中餐□　晚餐□		桌号	
服务	仪容仪表	邋遢		□	整洁	□
	服务态度	非常热情 □	热情 □	不热情 □	冷淡	□
	上菜速度	非常快 □	快 □	慢 □	非常慢	□
	服务速度	非常快 □	快 □	慢 □	非常慢	□
菜品	品种	非常少 □	偏少	□	适中	□
	菜量	非常少 □	偏少	□	适中	□
	味道	非常咸 □	偏咸 □	适中 □	偏淡	□
	价格	非常贵 □	偏贵 □	适中 □	便宜	□
其他	环境	恶劣 □	舒适 □	凌乱	□
	卫生	非常脏 □	干净 □	有点脏	□
您是第几次到本餐厅用餐	第一次 □	第二次 □	第三次 □	三次以上 □		
您评议的员工姓名						
您对评议员工的意见	好 □	一般 □	差 □			
您对本餐厅哪些菜品比较满意:						
您对本餐厅最满意的内容:						
您对本餐厅最不满意的内容:						
请留下您的宝贵意见和建议:						

207

2. 宾客意见收集、整理表

分组练习,一名学生扮演客人、一名学生扮演酒店工作人员,根据客人意见,填写宾客意见收集、整理表,见表6.2.5。

表6.2.5　宾客意见收集、整理表

年　　月　　日

房间号		桌次值台人				
联系电话		就餐时间	年　　月　　日		中餐□	晚餐□
投诉类别	具体内容					
关于设施设备□	□次					
关于服务态度□	□次					
关于酒店政策□	□次					
关于服务质量□	□次					
其他□	□次					
整改部门(人)						

208

四、展示与评价

1. 每组派一个代表展示客人意见表的填写

2. 分组进行自评、小组间互评,填写学习活动评价表(见表6.2.6)

表6.2.6　学习活动评价表

学生姓名_____　教师_____　班级_____　学号_____

项　目	自　评			组　评			师　评		
	优秀	合格	不合格	优秀	合格	不合格	优秀	合格	不合格
礼貌用语									
准确填写客人意见									
礼貌致谢									
分类整理									
实施解决									
信息收集情况									
利用信息能力									
安全操作意识									

项　目	自　评			组　评			师　评		
	优秀	合格	不合格	优秀	合格	不合格	优秀	合格	不合格
任务明确程度									
学习主动性									
工作页的填写									
协作精神									
出勤情况									
总评									

学习拓展

课后抽时间到酒店调查、了解客人意见表。

小词典

客人意见表

客人在就餐过程中,对酒店的服务、设施设备、管理政策等有不满的地方,对服务人员提出,服务人员予以记录的意见。

学习情境3

收尾工作

情境目标

1. 能准确掌握收台顺序。
2. 熟知餐桌、餐椅清洁标准,餐具柜清洁、整理标准,值台区域的安全检查标准。
3. 能主动获取有效信息,与他人有效沟通、良好合作。
4. 能按要求正确、规范地完成本次学习工作页的填写。

情境描述

×××中餐厅,餐后收尾工作。

建议学时

2 学时

学习流程

一、收集信息

1. 你了解的餐后收尾工作包括哪些内容

2. 你所知道的收尾工作流程是什么？

老师给你的小帮助

餐后收尾步骤：

① 收餐巾、毛巾、玻璃器皿，如图6.3.1、图6.3.2、图6.3.3 所示。

图6.3.1　收餐巾　　　　　　　　　　　图6.3.2　收毛巾

图6.3.3　收玻璃器皿

② 擦拭转台、收调味壶、纸巾盒、展示碟和刀叉，如图6.3.4所示。

图 6.3.4　擦拭转台

③下转玻、撤换台布,铺干净台布,围椅,准备摆台,如图 6.3.5~图 6.3.7 所示。

图 6.3.5　下转玻、撤换台布

图 6.3.6　铺干净台布

图 6.3.7　准备摆台

　　④擦拭餐台、餐椅并整理落台,打扫清洁地面,整理落台。如图 6.3.8、图 6.3.9 所示。

图 6.3.8　擦拭餐台、餐椅并整理落台

图 6.3.9　打扫清洁地面、整理落台

　　⑤按规范要求摆台,检查整理桌椅,如图 6.3.10 ~ 图 6.3.12 所示。

图 6.3.10　按规范要求摆台

图 6.3.11　检查整理桌椅

图 6.3.12　检查整理桌椅

二、拟订学习计划

1. 填写小组成员分工表(见表 6.3.1)

表 6.3.1　小组成员分工表

小组成员名单	特　点	分　工	备　注

续表

小组成员名单	特　点	分　工	备　注

2. 填写学习（工作）进度安排表（见表6.3.2）

表6.3.2　学习（工作）进度安排表

序　号	开始时间	结束时间	任务内容	工作要求	备　注

三、实施学习计划

操作小提示

收尾工作时应注意不要摔碎餐具。

1. 收台顺序的练习

分组练习，一名学生扮演酒店工作人员，填写收台顺序练习表，见表6.3.3。

表6.3.3　收台顺序练习表

任　务	操作记录		需要解决的问题
	是	否	
收毛巾、餐巾、玻璃器皿			
擦拭转台，收调味壶、纸巾盒、展示碟和刀叉			
下转玻、撤换台布、铺干净台布、围椅，准备摆台			
擦拭餐台、餐椅并整理落台，打扫清洁地面，整理落台			
按规范要求摆台，检查整理桌椅			

2. 就餐区域的清洁、安全检查练习

分组练习，一名学生扮演酒店工作人员，填写就餐区域清洁、安全检查练习表，见表6.3.4。

表 6.3.4　就餐区域清洁、安全检查练习表

任　务	操作记录	需要解决的问题

四、展示与评价

1. 每组展示完整的收台

2. 分组进行自评、小组间互评,填写学习活动评价表(见表6.3.5)

表 6.3.5　学习活动评价表

学生姓名_____　　教师_____　　班级_____　　学号_____

项　目	自　评			组　评			师　评		
	优秀	合格	不合格	优秀	合格	不合格	优秀	合格	不合格
使用托盘									
骨碟									
汤碗、味碟、瓷羹									
筷架、筷子,牙签									
三套杯									
桌布									
花篮、桌号									
信息收集情况									
利用信息能力									
安全操作意识									
任务明确程度									
学习主动性									
工作页的填写									
协作精神									
出勤情况									
总评									

学习拓展

课后抽时间到酒店参观餐后收尾工作的流程及内容。

小词典

餐后收尾工作

客人用餐完毕后,餐厅服务员将用过的餐用具及菜肴进行清理,并再次做好餐饮摆台、清洁工作及安全工作检查,以迎接客人的再次光临。

参考文献

［1］樊平,李琦.餐饮服务与管理[M].北京:高等教育出版社,2012.

［2］麦毅菁.餐饮服务[M].重庆:重庆大学出版社,2012.

［3］吴呤颖.餐饮服务实训教程[M].北京:科学出版社,2007.